ADAC Reiseführer

Gran Canaria

Strände · Bergdörfer · Guanchenstätten
Ausblicke · Museen · Hotels · Restaurants

Die Top Tipps führen Sie zu den Highlights

von Nana Claudia Nenzel
mit Fotos von Gottfried Aigner

Intro

Unterwegs

RON
CLUB
AREHUCAS
Ron
AREHUCAS

Karten und Pläne

☐ Service

Gran Canaria aktuell A bis Z 123

Sprachführer 136

Register 141

Leserforum

Die Meinung unserer Leserinnen und Leser ist wichtig, daher freuen wir uns von Ihnen zu hören. Wenn Ihnen dieser Reiseführer gefällt, wenn Sie Hinweise zu den Inhalten haben – Ergänzungs- und Verbesserungsvorschläge, Tipps und Korrekturen –, dann kontaktieren Sie uns bitte:

Redaktion ADAC Reiseführer
ADAC Verlag GmbH
Hansastraße 19, 80686 München
Tel. 089/76 76 41 59
reisefuehrer@adac.de
www.adac.de/reisefuehrer

Gran Canaria Impressionen

Eine Insel voller Badespaß, Dünenzauber und Bergeinsamkeit

Der Name der beliebten Ferieninsel Gran Canaria ruft viele Bilder hervor: Touristenrummel rund um die Uhr, schöne goldgelbe Sandstrände gerahmt von riesigen Hotelanlagen und Apartmentburgen, ein bunter Reigen von Kneipen, Bars und Diskotheken für das nimmermüde **Reisepublikum**. Kaum ein anderes europäisches Urlaubsziel im Atlantik wird von so vielen Touristen besucht wie Gran Canaria. Was aber begeistert die jährlich etwa 3 Millionen ausländischen Besucher (davon rund 800 000 aus Deutschland), was macht die **Faszination** dieser fast kreisrunden Insel aus, der drittgrößten im kanarischen Archipel?

Insel der Kontraste

Nur etwa vier bis fünf Flugstunden vom im Winter meist grauen, feucht-kalten Mitteleuropa entfernt genießen Sonnenhungrige auf dieser Insel (sie liegt auf der Höhe der afrikanischen Sahara) strahlende Urlaubstage bei angenehm frühlingshaften bis frühsommerlichen Temperaturen und tummeln sich an traumhaft schönen **Sandstränden**, die von einer steten Meeresbrise umfächelt werden. Außerdem lockt die vielfältige Landschaft **Gran Canarias** mit einer hinreißenden Mischung aus üppig-bunter Mittelmeerflora und magischer Sandwüstenkulisse.

Der Tourismus spielt sich zu 95 % an den Stränden und Buchten der **Südküste** ab. Vom Ferientrubel weitgehend unberührt bleibt das kontrastreiche **Inselinnere**. Es trägt den Stempel der vulkanischen Ursprünge Gran Canarias. Hier gibt es tiefe *Barrancos* (Schluchten) und imposante *Calderas* (Vulkankrater) zu bewundern, deren zerklüftete Wände als bizarre Gesteinsformationen aufragen. Diese alten Vulkanschlote aus festem dunklem Basalt gehören zu den landschaftlichen Höhepunkten der Insel. Sehenswert sind vor allem der Roque Nublo (1803 m) und der

nahe Roque Bentayga (1404 m), majestätische Gipfel, welche die Ureinwohner als heilige Berge verehrten. Weit weniger spektakulär geformt, dafür aber der höchste Berg Gran Canarias ist der behäbig-breitgelagerte Pozo de las Nieves (1949 m).

Oben: *Abenteuerlich – Mountainbiking in der bizarren Bergwelt der Insel*
Mitte: *Dynamisch im Wind – Surfer an Gran Canarias Ostküste*
Unten: *Wie in einem Märchen aus Tausendundeiner Nacht – Dünen von Maspalomas*
Links: *Schillernd, bunt und fröhlich – der kanarische Karneval*

In der Umgebung, auf Bergterrassen und in den feldreichen Tälern, gedeihen liebevoll gepflegt und bewässert, schmackhaftes **Obst und Gemüse** – als besonders köstlich gelten zum Beispiel immer noch die kanarischen Tomaten.

Am dichtesten besiedelt ist die Insel im fruchtbaren **Norden**. Hier findet man weit verstreute Bauernhöfe und zauberhaft gelegene weiße Dörfer. Ihre maurisch anmutenden kubischen Häuser sind dicht ineinander verschachtelt, die Fassaden häufig mit den typischen kanarischen Holzbalkonen verziert. Diese Dörfer sind nicht nur Augenweiden für den Betrachter, sie dienen vielen Canarios als ›Sommerfrische‹, denn hier finden sie Ruhe und Erholung nach der Arbeit an den Ferienstränden oder in der Hauptstadt Las Palmas de Gran Canaria.

Las Palmas – Tor zur Welt

Die Hafenstadt Las Palmas ist zugleich **Hauptstadt** der spanischen Provinz Gran Canaria, zu der auch die Inseln Lanzarote und Fuerteventura gehören. Sie dürfte nach wie vor eine der kosmopolitischsten Städte Spaniens sein. Jahrhundertelang galt sie als wichtiger Anlaufpunkt auf den Schiffsrouten zwischen Europa, Afrika und Amerika. Folglich ließen sich hier auch Menschen aus vielen seefahrenden und handeltreibenden Nationen (Großbritannien, Spanien, Portugal, Frankreich, Indien, China) nieder.

Heute lebt etwa die Hälfte der Inselbevölkerung (knapp 400 000 von etwa

Oben: *Traditionelle Musik und Tänze begeistern im Pueblo Canario in Las Palmas*
Unten: *Las Palmas' Shoppingmeile besticht mit wunderschönen Fassaden*
Rechts: *Die Magie moderner Architektur offenbart Las Palmas' Auditorio Alfredo Kraus*
Rechts oben: *Als Traum in Rosa präsentiert sich die Mandelblüte in Tejeda*

840 000) in der geschäftigen Metropole Las Palmas, dem wirtschaftlichen und kulturellen Zentrum der gesamten Inselgruppe. Die Stadt lockt mit spannenden Museen und Galerien und bietet zahllose Events und Einkaufsmöglichkeiten.

Von Guanchen und Spaniern

Mit Beginn des Reisebooms kamen statt der Seefahrer die Spanier vom Festland, vor allem aus dem strukturschwachen Andalusien, nach Gran Canaria, um im Tourismussektor zu arbeiten und viele von ihnen blieben für immer.

Den alteingesessenen **Grancanarios** begegnen Reisende eher in abgelegenen Bergstädtchen und stillen Fischerdörfern. Ihre ausnehmende Freundlichkeit macht den Umgang mit ihnen zu einem wahren Vergnügen. Die Herkunft ihrer Vorfahren jedoch liegt noch immer im Dunkeln. Wahrscheinlich sind die Ureinwohner der Kanarischen Inseln, sie werden allgemein als **Guanchen** bezeichnet, einst vom nordafrikanischen Festland eingewan-

dert. Sie waren es auch, die Gran Canaria seinen ersten Namen gaben: *Támaran*, das Palmenland.

Die Spanier hatten bereits seit dem 14. Jh. Ansprüche auf die Inselgruppe erhoben, konnten sie aber erst 1483 endgültig in Besitz nehmen. Dem Archipel gaben sie den Namen *Islas Canarias*, wohl wegen der besonderen Hunderasse, die sie hier vorfanden, und aus Támaran wurde damals Gran Canaria.

Wirtschaft

Das Land wurde alsbald unter den Getreuen der spanischen Krone aufgeteilt und man begann mit der gezielten Ausbeutung. Die Ländereien spezialisierten sich auf den Anbau von **Zuckerrohr** in großem Maßstab. Die Urbevölkerung wurde im Zuge dieser Inbesitznahme stark dezimiert. Zugleich gingen die Spanier daran, die dichten Wälder abzuholzen, um mehr Land urbar zu machen, aber auch, um Teer und Baumaterial für Häuser und Schiffe zu gewinnen.

1492 machte **Cristóbal Colón** (Christoph Kolumbus) auf Gran Canaria Station, um seine Flotte aufzurüsten. Von hier begab er sich auf die Suche nach dem Westweg nach Indien und entdeckte die Neue Welt, Amerika und die Karibischen Inseln. Viele Seefahrer taten es Kolumbus gleich und nutzten die Kanaren als Ausgangspunkt für ihre Reisen. Auch heute noch sind die Häfen des Archipels letzte **Anlaufstelle** vor der Überquerung des Atlantiks, doch sind es jetzt überwiegend Sport- und Freizeitsegler, die hier Station machen, wie die farbenfrohen Bilder auf der Mole im Jachthafen von Las Palmas de Gran Canaria zeigen.

Die Öffnung zur Neuen Welt brachte den Kanaren selbst immer wieder wirtschaftliche **Krisen**: Der lukrative Zuckerrohranbau wurde mit Erschließung der Karibischen Inseln dorthin verlegt, denn in dieser Region standen bald Millionen von Sklaven als Arbeitskräfte zum Nulltarif zur Verfügung.

Zweiter landwirtschaftlicher Großversuch auf Gran Canaria war der Anbau von **Malvasia-Wein**, der zu einem begehrten Tropfen an den Tafeln der europäischen Königs- und Adelshäuser avancierte. Im

18. Jh. aber trat Portugal mit dem Madeira-Wein als großer Konkurrent auf den Plan. Mehltau und Reblaus machten dem Weinanbau auf den Kanarischen Inseln dann vollends den Garaus. Der kostbare rote Farbstoff der **Koschenille-Laus** stellte im 19. Jh. eine weitere wichtige Einnahmequelle dar, wurde aber bald viel billiger in Südamerika produziert. Nachdem auch der Anbau von **Bananen** und **Tomaten** um 1900 nicht den erhofften Erfolg gebracht hatte, kam es zur großen Auswanderungswelle. Die meisten Canarios zog es damals nach Südamerika.

Erfolgversprechend war jedoch, dass die Kanarischen Inseln 1852 zur **Freihandelszone** erklärt worden waren. Der Ausbau des Hafens von Las Palmas ab 1883 schuf auf Gran Canaria die Voraussetzungen für eine gewisse Stabilisierung der Wirtschaft. Doch erst der Fremdenverkehr sollte die Entwicklung endgültig vorantreiben und Tausende von Arbeitsplätzen schaffen.

Die Touristen kommen!

Die ersten Urlauber waren Briten, die im 19. Jh. Las Palmas de Gran Canaria entdeckten. Mit dem Aufkommen des Massentourismus in den 1960er-Jahren entstand dann Bedarf an großer Bettenkapazität. Der nun einsetzende Bauboom überzog die bislang unberührten Strände im Süden mit riesigen **Hotelanlagen**. Das küstennahe Bauland gehörte Großgrundbesitzern und Großbauern aus den Dörfern im Inselinneren und war bis dahin fast wertlos gewesen. Heute findet sich in diesem Bereich die größte Konzentration an Hotels und Apartmenthäusern auf der Insel. Längst aber hat man sich auch auf Gran Canaria eines Besseren besonnen, hat dem ungezügelten Bauboom Einhalt geboten und setzt auf Qualität statt auf Quantität.

Unbekanntes Gran Canaria

Heutzutage genießen immer mehr **Individualreisende** die landschaftlichen Schönheiten Gran Canarias jenseits der großen Ferienzentren. Sie bevorzugen Unterkünfte in ländlicher Umgebung, machen nur gelegentlich einen Badeausflug zu den wundervollen Stränden oder gehen in einem Fischerdorf schön essen.

Ferienquartiere auf dem Land und in den kleineren Orten erfreuen sich folglich großer Beliebtheit. Der von der EU geförderte **Turismo Rural** umfasst vor allem kleine Hotels auf entsprechend ausgestatteten Landgütern oder in Villen.

Auch die kanarische **Küche** zeigt eine positive Entwicklung: Die Köche haben gelernt, die schwere bäuerliche Kost zu

verfeinern und aus dem auf der Insel angebauten schmackhaften Gemüse leichte Gerichte mit kanarischer Note zu zaubern. Auch der Fang, den die Fischer an Land bringen, ist an Frische und Vielfältigkeit kaum zu überbieten. Wer also zum Essen in die kleinen Fischerdörfer fährt oder in Las Palmas wie auch in Playa del Inglés die richtigen Restaurants aufsucht, wird frisch zubereiteten Fisch und Meeresfrüchte in vollen Zügen genießen.

Links oben: *Heiße Diskonächte in Las Palmas*
Links: *Unwiderstehlich: Gran Canarias Landwirtschaft bringt wahre Köstlichkeiten hervor*
Oben: *Die botanische Vielfalt im Bergland bei Santa Lucía ist überwältigend*
Unten: *So lässt es sich aushalten: Erholung pur am weiten Sandstrand von Puerto Rico*

Der Reiseführer

Dieser Reiseführer stellt die facettenreiche Urlaubsinsel Gran Canaria in *sechs Kapiteln* vor. Die **Top Tipps** führen zu den herausragendsten Attraktionen, schönsten Stränden und eindrucksvollsten Dörfern. Detaillierte **Übersichtskarten** und **Stadtpläne** erleichtern die Orientierung. Den Besichtigungspunkten sind jeweils **Praktische Hinweise** mit Tourismusbüros, Hotel- und Restaurantempfehlungen etc. angegliedert. **Gran Canaria aktuell A bis Z** bietet alphabetisch geordnet eine Fülle nützlicher Informationen für den Aufenthalt, u. a. zu Festen, Einkaufs- und Sportmöglichkeiten sowie Verkehrsmitteln. Das **Kaleidoskop** mit Kurzessays und **Wandertouren** und ein praktischer **Sprachführer** runden den Reiseführer ab.

Geschichte, Kunst, Kultur im Überblick

Altkanarische Könige und spanische Eroberer, mutige Seefahrer und sonnenverliebte Feriengäste

vor etwa 14 Mio. Jahren Die Insel Gran Canaria entsteht durch Anhebung eines Vulkans aus dem Meer; der große Krater sackt in der Mitte ein.

3000 v. Chr. Die Kanarischen Inseln werden vermutlich in mehreren Wellen von Nordafrika aus besiedelt; vielleicht entstehen bereits einzelne Königreiche der Altkanarier.

Frühe Expeditionen

ab 1100 v. Chr. Phönizische Seefahrer erreichen die Kanarischen Inseln auf der Suche nach neuen Handelsmöglichkeiten.

500–200 v. Chr. Archäologische Funde belegen erstmals eine Besiedlung der Kanaren von Nordafrika aus.

1. Jh. n. Chr. Durch Plinius d. Ä. (23–79) wird die Expedition des mauretanischen Königs Juba II. auf die Kanarischen Inseln belegt. Erstmals taucht der Name *Insula Canaria* auf und Ovid (43 v. Chr.–17. n. Chr.) besingt in seinen ›Metamorphosen‹ den ewigen Frühling auf dem Archipel im Atlantik.

2. Jh. Ptolemäus (ca. 100–160) zeichnet seine Weltkarte, zieht dabei den Nullmeridian durch die Insel El Hierro und trägt die Lage von *Canaria* ein.

999 Der Maure Ben Farouk besucht Gran Canaria und geht in Gando an Land. Er durchquert die Insel und erweist im heutigen Gáldar dem Inselfürsten seine Reverenz. In Lissabon erfährt man später durch Farouk von der Fruchtbarkeit und dem angenehm milden Klima der Insel.

Europäische Ansprüche und Eroberung

14. Jh. Die Kanarischen Inseln werden durch europäische Seefahrer wiederentdeckt. Der italienische Schriftsteller Francesco Petrarca (1304–1374) berichtet von einer bewaffneten Mannschaft aus Genua, die bis Lanzarote vorgedrungen sei: Der Genuese Lancelote Mallocello erreicht die Insel 1312 und bleibt dort bis 1330. Lanzarote wird nach ihm benannt.

1341 Eine Expedition des portugiesischen Königs Alfonso IV. (1279–1357) erreicht von Lissabon aus eine große gepflegte Insel. Expeditionsleiter Niccoloso Recco liefert die erste genaue Beschreibung ihrer Landschaft.

1344 Papst Clemens VI. erklärt sich zum Herrscher aller unentdeckten Länder und erhebt Luis de la Cerda zum König der Kanaren, obwohl auf den Inseln nach wie vor die Altkanarier herrschen. Der neue ›König‹ betritt niemals seine Inseln und muss sie bald dem Papst zurückgeben, weil er den Tribut für sie nicht zahlen kann. Anschließend gehen die Kanaren an die spanische Krone.

1404 Auf Fuerteventura wird das erste Bistum der Kanaren gegründet. 1483 wird es nach Gran Canaria verlegt.

1406 Jean de Béthencourt wird zum König der Kanarischen Inseln gekrönt, obwohl er zu diesem Zeitpunkt erst Fuerteventura, El Hierro und La Gomera erobert hat. Auf

Das altkanarische Heiligtum am Bentayga gibt seine Geheimnisse nur zögernd preis

Kultstätten oder Vorratskammern? Die Guanchen-Höhlen Cenobio de Valerón

Teneriffa, La Palma und Gran Canaria stößt er noch auf Widerstand.

1452 Der von seinem Onkel zum Vizekönig erhobene Maciot de Béthencourt verkauft ›seine‹ Inseln an Diego García de Herrera, den Marschall von Kastilien.

1461 García versucht vergeblich, mit einer Militärabordnung seines Schwiegersohnes Diego de Silva Gran Canaria zu erobern. Er kommt, als Händler getarnt, bis Gáldar. Der Herrscher der friedlichen Kanaren erlaubt ihm, in Telde ein Fort zu errichten. Doch als die Einheimischen ihm auf die Schliche kommen, wird seine Festung durch eine List eingenommen und er samt seiner Mannschaft getötet.

1477 Die Kanarischen Inseln werden wieder der spanischen Krone übertragen, General Juan Rejón soll Gran Canaria endgültig unterwerfen.

1478 600 spanische Soldaten unter der Leitung des Generals Rejón landen am Strand von La Isleta im Nordosten der Insel. Tenisor Semidán von Gáldar und Doramas von Telde, die beiden altkanarischen Könige (›Guanartemes‹) der Insel schließen sich zusammen. Sie ziehen mit einem starken Heer gegen die Spanier, werden jedoch vernichtend geschlagen. Der Widerstand ist zwar noch nicht gebrochen, aber für die Guanchen, wie die Ureinwohner allgemein bezeichnet werden, ist dies der Anfang vom Ende. – Las Palmas wird gegründet.

1480 Königin Isabella I. von Kastilien schickt Pedro de Vera als Gouverneur auf die Insel. Er schikaniert die Altkanarier, um sie nachhaltig zu schwächen.

1481 Der altkanarische König von Telde, Doramas, wird durch eine List getötet. Der König von Gáldar, Tenisor Semidán, wird festgenommen, nach Spanien gebracht und dort als Don Fernando Guanarteme unter der Patenschaft von König Ferdinand V. getauft. Er kehrt nach Gran Canaria zurück, um die letzten Altkanarier ebenfalls zur Taufe zu überreden.

1483 Einige Altkanarier gehen durch ihren dramatischen Freitod (Sturz von der Fortaleza de Ansite) in die Annalen der Kanarischen Inseln ein. Damit ist die endgültige Unterwerfung von Gran Canaria besiegelt. Das Land wird unter den Soldaten und Siedlern vom spanischen Festland sowie unter den wenigen übergelaufenen Altkanariern aufgeteilt. Innerhalb von 6 Monaten müssen alle ledigen Lehnsherren einheimische Frauen heiraten, wenn sie ihr Land behalten wollen. So vermischen sich Sieger und Besiegte relativ schnell. Bürger zweiter Klasse bleiben aber Altkanarier, die sich weigern, ihre Sitten und Gebräuche aufzugeben oder sich wie Spanier zu kleiden. In Folge wird die Assimilation zügig und streng durchgeführt und die altkanarische Kultur unterdrückt.

Gran Canaria und die Neue Welt

1492 Cristóbal Colón (Christoph Kolumbus) kommt nach Las Palmas de Gran Canaria, um seine drei Schiffe für seine Suche nach dem Seeweg nach Indien auszurüsten. Die Insel liegt so günstig, dass er auch auf den späteren Reisen 1493, 1498 und 1502 vor der Atlantiküberquerung hier Station macht. Vermutlich reisen mit Kolumbus auch einige Canarios in die Neue Welt.

1492 und 1496 Tausende von Juden werden aus Portugal und Spanien vertrieben. Viele finden auf Gran Canaria trotz offiziellen Verbots eine neue Heimat.

16.–18. Jh. Die Kanarischen Inseln scheinen zunächst trotz ihrer exponierten Lage an wichtigen Handelswegen den Anschluss an die internationale Entwicklung zu verschlafen. Dann aber werden Zuckerrohr und Wein mit Erfolg angebaut. – Portugiesen und Genueser kommen auf die Insel, erstere als Pflanzer, Handwerker und Händler, letztere als Geldgeber, die eine wichtige Rolle in Wirtschaft und Politik spielen. Flamen und Holländer, Engländer und Iren mischen ebenfalls mit, die einen als Zuckerhändler und Finanziers, die anderen als Weinhändler. – Immer wieder werden die Inseln von feindlichen Piraten behelligt.

1595 Der britische Pirat Sir Francis Drake versucht vergeblich, den wichtigen Hafen von Las Palmas einzunehmen und zieht beschämt ab.

1678 Viele kanarische Familien müssen auf königliches Dekret ihre Insel verlassen, um die Neue Welt zu besiedeln.

1778 Eine kanarische Kolonie wird in Louisiana südlich von New Orleans gegründet.

1802 Simón Bolívar, der sein Heimatland Venezuela sowie Bolivien und Peru von der spanischen Herrschaft befreit hatte, heiratet eine Kanarierin aus Teror. Zwei spätere Präsidenten Venezuelas stammen aus dem grancanarischen Valleseco.

Unter Königin Isabella II. werden die Kanaren im Jahr 1852 zur Freihandelszone

1820 Las Palmas de Gran Canaria wird Inselkapitale.

Phase der Konsolidierung

ab 1830 Zur Gewinnung des wertvollen intensiven roten Farbstoffes wird die Cochenille (Koschenille)-Schildlaus gezüchtet.

1845 Die erste Philharmonische Gesellschaft Spaniens wird in Las Palmas de Gran Canaria gegründet.

Mitte 19. Jh. Nach der Verlagerung des Zuckerrohranbaus und dem Niedergang der Weinkulturen folgt die zweite, diesmal ›freiwillige‹ Auswanderungswelle der Canarios, zumeist nach Mittel- und Südamerika.

1852 Königin Isabella II. von Kastilien erteilt den Kanarischen Inseln den Status einer Freihandelszone.

1883 Der Hafen von Las Palmas, der Puerto de la Luz, wird ausgebaut.

1891 Mitglieder der englischen Gemeinde von Las Palmas gründen den ›El Real Club de Golf de Las Palmas‹, den ersten Golfklub Spaniens.

Ende 19. Jh. Es wird ein intensiver Anbau von Bananen betrieben.

1912 Auf den Kanarischen Inseln werden inseleigene Selbstverwaltungen, die Cabildos Insular, eingerichtet.

1927 Die spanische Inselgruppe wird in zwei Provinzen aufgeteilt. Las Palmas de Gran Canaria wird Hauptstadt der Ostprovinz mit Gran Canaria, Lanzarote und Fuerteventura.

1930 Der Flughafen von Gran Canaria, der heutige Aeropuerto de Gando, wird gebaut.

Die Ära des 16. Jh. kennzeichnen Angriffe von Piraten und britischen Freibeutern

Die Felsnadel ›El Dedo de Díos‹ bei Puerto de las Nieves fällt 2005 einem Sturm zum Opfer

1936 Mit dem Putsch General Francos beginnt der Spanische Bürgerkrieg. Franco ist auf Teneriffa stationiert, schifft sich nach Gran Canaria ein und erreicht über Marokko das spanische Festland.

Neuzeit und Tourismus

1959 Der erste deutsche Charterflug bringt Touristen auf die Kanaren.

1969 Die drastische Abwertung der Peseta und Liberalisierung der Kapitalanlagen sind starke Anreize für hohe Investitionen im Hotelbau und die Steigerung des Fremdenverkehrs.

1975 Nach Francos Tod wird König Juan Carlos Spaniens Staatsoberhaupt und eine rasche Demokratisierung des Landes erfolgt. Auf den Kanaren entsteht eine Separatistenbewegung.

1977 Deutsche Touristen sind zahlenmäßig die Nummer eins unter den ausländischen Feriengästen auf den Kanarischen Inseln.

1982 Der Autonomie-Status der Kanaren tritt in Kraft.

1986 Spanien tritt der EG bei. Die Kanaren lehnen den Beitritt ab, woraufhin für sie ein Sonderabkommen geschlossen wird.

1992 Die Kanaren treten als Vollmitglieder der EU bei, da ihnen erhebliche Vorteile versprochen wurden, u. a. die Zollbestimmungen wie bei Nicht-EU-Ländern beibehalten zu dürfen.

2001 Das kanarische Parlament beschließt einen zweijährigen Baustopp für neue Tourismusprojekte.

2005 Die UNESCO erklärt den Südwesten Gran Canarias zum Weltreservat der Biosphäre. – Der Tropensturm ›Delta‹ richtet auf den Kanaren Schäden in Millionenhöhe an. Außerdem fällt das Naturdenkmal ›El Dedo de Díos‹, eine Felsnadel vor der Westküste Gran Canarias, dem Sturm zum Opfer.

2006 Tausende afrikanische Bootsflüchtlinge erreichen die Kanaren. Seit 2000 hat sich ihre Zahl vervielfacht, Spanien und die EU verstärken daraufhin die Patroullienfahrten vor Afrikas Küste.

2011 Las Palmas baut seinen Hafen für große Kreuzfahrtschiffe aus, die Gran Canaria wachsende Besucherzahlen bescheren.

2012 Trotz anhaltender Proteste der lokalen Umweltschützer wird der Bau der Autobahn in den Westen der Insel fortgesetzt, einige Teilstrecken sind bereits fertiggestellt.

Von den Kanaren aus bereitet General Franco 1936 den Spanischen Bürgerkrieg vor

Unterwegs

Faszinierende Bergwelt: Agaete am Fuß des Gordo

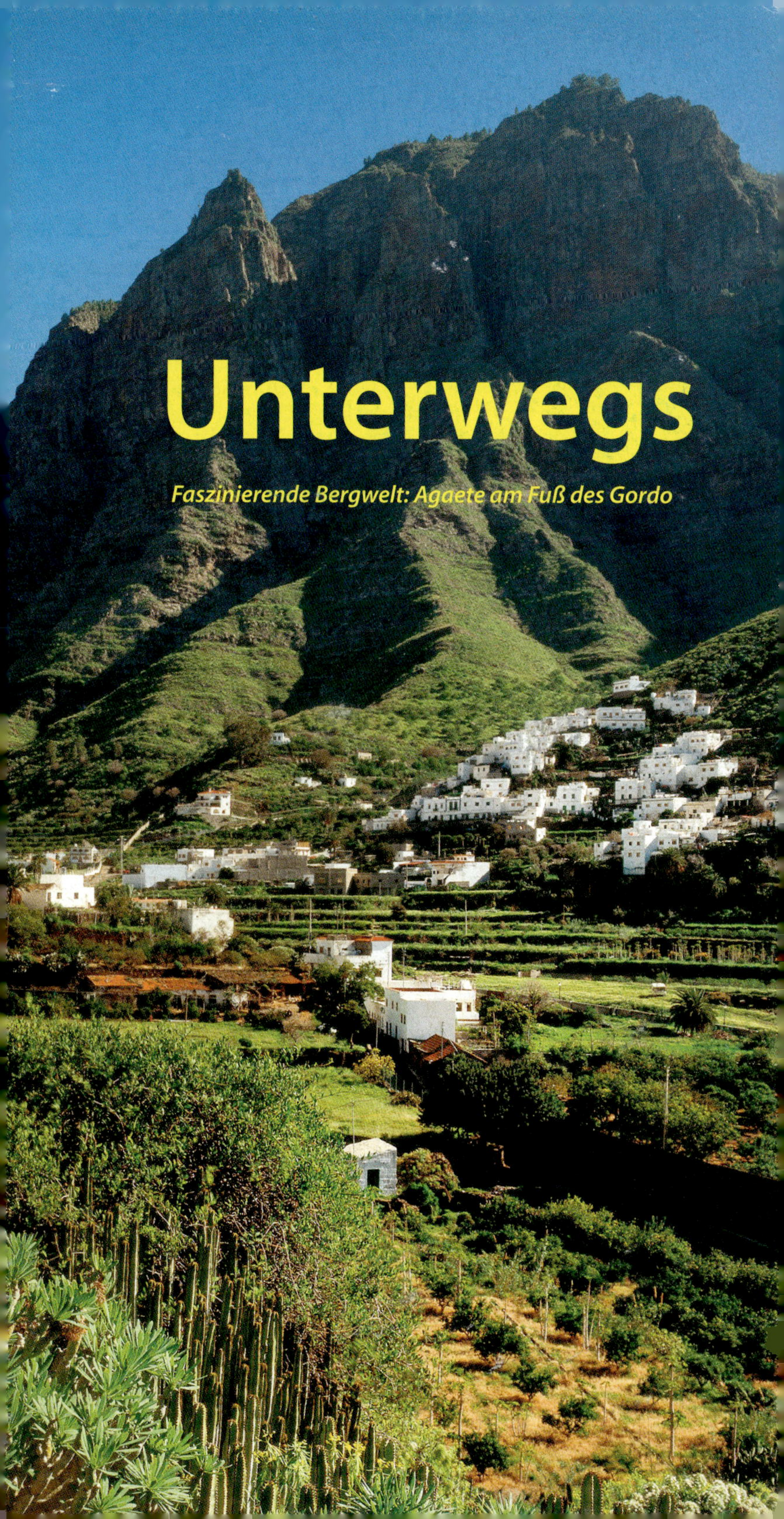

Bunte Hauptstadt – Herz der Insel

Die Hauptstadt Gran Canarias und der gleichnamigen Ostprovinz der Kanaren, Las Palmas de Gran Canaria, ist ein **Kultur- und Wirtschaftszentrum**, eine lebhafte Hafenstadt und nicht zuletzt ein herrlicher Platz für einen außergewöhnlichen Strandurlaub. Doch das ist den wenigsten Urlaubern, die einen Tagesausflug hierher unternehmen, um die Stadt zu besichtigen, bewusst. Die Einheimischen wissen die Vorzüge von Las Palmas zu schätzen. Immerhin lebt hier mit knapp 400 000 Einwohnern etwa die Hälfte der Gesamtbevölkerung Gran Canarias. Wie schnell zu erkennen ist, sind viele der Bürger nicht kanarischer Abstammung, ihre Vorfahren kamen – meist vor mehreren Generationen – vom europäischen Festland, aus Asien und Südamerika. Sie prägen das Bild einer geschäftigen, multikulturellen Hafen- und Handelsmetropole.

1 Las Palmas de Gran Canaria

Inselkapitale, die durch ihre aufregende Geschichte, ihre beeindruckende Architektur und den Lebensstil ihrer Bewohner fasziniert.

Las Palmas de Gran Canaria liegt reizvoll auf einer Halbinsel ganz im Nordosten. Das einst vorgelagerte Eiland **La Isleta**, wurde durch Landgewinnung längst dem Stadtgebiet angeschlossen. Von Isleta im Norden bis **Vegueta** im Süden erstreckt sich die grancanarische Metropole über 12 km Länge. Die kosmopolitische Hauptstadt der Insel reicht mit ihren Vororten weit nach Süden und bis in den hügeligen Westen.

Stadtteile

Die Stadt verfügt über zwei lang gezogene Strände, wobei der hafennahe Strand im Osten, *Playa de Alcaravaneras*, vor allem von Einheimischen frequentiert wird. Weitaus mehr Besucher zieht die westlich gelegene **Playa de las Canteras** an. Hier entwickelte sich bereits um die Wende vom 19. zum 20. Jh. der erste Tourismus. Las Canteras wird heute gerne mit Rio de Janeiros Copacabana-Strand verglichen und ist inzwischen nicht zuletzt dank intensiver Verschönerungs-

Auf dem Weg in die Zukunft: Las Palmas mit dem Auditorio Alfredo Kraus (links im Bild)

maßnahmen eine Attraktion für Urlauber und Einheimische.

Hauptanziehungspunkt in Las Palmas selbst ist **Vegueta**, die Altstadt mit der Kathedrale. Zwischen La Isleta und Vegueta erstrecken sich sechs bzw. sieben Stadtteile von ganz unterschiedlichem Charakter. **Santa Catalina** ist das quirlige Hafenviertel, auch Mittelpunkt des Nachtlebens mit zahllosen Bars und Klubs. Hier zeigt die Stadt ihr wahrhaft kosmopolitisches Gesicht. Eher ruhig und gediegen wirken dagegen das Geschäftszentrum **Alcaravaneras**, das Villenviertel **Ciudad Jardín** sowie *Lugo* und *Arenales* mit ihren vielen Verwaltungsbauten. Von größerem Interesse für Besucher ist **Triana**, das alte, wieder herausgeputzte Handelszentrum mit der Einkaufs- und Fußgängerzone. Trianas meernaher Teil wird **Ciudad del Mar** genannt.

Den weiten Weg von Santa Catalina bis Triana sollten Besucher per Taxi oder Bus zurücklegen. Man kann aber auch die Promenade zwischen Meer und Avenida Marítima entlangspazieren, die sich vom Handelshafen zu Füßen Isletas bis zum Parque San Telmo hinzieht.

Las Palmas ist übrigens seit 1989 auch Sitz einer Universität, deren Neubauten oberhalb der Stadt im wohlhabenden grünen Vorort **Tafira** [Nr. 8] nahe dem Botanischen Garten aufragen.

Geschichte Anfänglich standen nur ein paar vereinzelte Häuser an der Küste unweit des Flüsschens **Guiniguada**. Die Palmen des Flusstales gediehen zu ansehnlicher Höhe, weshalb die ersten spanischen Eroberer am 24. Juni 1478 unter dem Befehl von Juan Rejón ihre Stadtgründung **Villa Real de las Palmas**, ›Königliche Stadt der Palmen‹, nannten. Kurz darauf fällten sie allerdings die Palmen, um damit Palisaden für ihr Militärlager zu bauen.

Las Palmas war auch Zwischenstation für Schiffsreisen über den Atlantik. Die Statthalter der spanischen Krone wählten die Hafenstadt als Residenz und 1492 machte Christoph Kolumbus vor seiner ersten Fahrt in die Neue Welt hier Station, wie übrigens auch bei seinen darauf folgenden Reisen. Portugiesen und Genueser lockte der Erfolg versprechende Handel mit Zuckerrohr und Sklaven, die von der nahe gelegenen afrikanischen Küste eingeschifft wurden.

Im Zentrum der Stadt, in Vegueta, wurden im 16. und 17. Jh. nahe der **Kathedrale** der Bischofspalast und die Casa del Regente, der Sitz des Regenten, errichtet. Jenseits des Flüsschens Guiniguada, in Triana, ließen sich Fischer, Handwerker, Kaufleute und Händler nieder. Die typischen, teilweise noch erhaltenen Lagerhäuser nahmen die kostbaren Schiffsladungen auf. Der offensichtliche Wohlstand von Las Palmas lockte **Piraten** an, die nicht nur plündernd durch die Straßen zogen, sondern auch immer wieder zerstörerische Brände legten. Bis ins 19. Jh. hinein wuchs die Stadt daher nicht über die stets wieder aufgerichteten Mauern von Triana hinaus. Die Bevölkerung wurde wiederholt durch Epidemien und Hungersnöte dezimiert. In solchen schlechten Zeiten sahen sich viele Canarios zur **Auswanderung**, meist nach Lateinamerika, gezwungen.

Die Entwicklung von Stadt und Insel stagnierte auch deshalb, weil ein gut ausgebauter Hafen fehlte. 1811 wurde zunächst eine Mole am nördlichen Ende

Oben: *Inmitten der weiß schimmernden Altstadt von Las Palmas ragt die Kathedrale Santa Ana auf*

Unten: *Spanisches Flair vergangener Tage atmen noch so manche Innenhöfe in Vegueta*

Trianas (nahe dem Parque San Telmo) errichtet. Gegen stürmische See bot diese jedoch keine Sicherheit.

Schließlich legte man im Schutz der Isleta ab 1883 einen großen Handelshafen an. Die Pläne stammten von Fernando de León y Castillo (1842–1918) [s. S. 120] aus Telde, der als spanischer Minister für Übersee seine Heimatinsel zu fördern verstand. Er hatte ihre Bedeutung als *Handelsstützpunkt* zwischen der Alten und der Neuen Welt erkannt. Architekt des großzügig angelegten **Puerto de la Luz** war sein Bruder Juan de León y Castillo.

Mit dem schwunghaften Bananenhandel durch englische Unternehmer gelangte der Ruf der schönen Inselhauptstadt bis nach Europa. Die ersten – britischen – **Touristen** entdeckten um 1900 auch den feinsandigen Strand von Las Canteras im Westen der Stadt. Gran Canarias Hafen wiederum wurde so bedeutend, dass sich die Insel 1929 von der Vorherrschaft Teneriffas befreien und Las Palmas sich als **Hauptstadt** der Ostprovinz der Kanaren durchsetzen konnte. Zu ihrem Verwaltungsbereich zählen seitdem auch die östlichen Nachbarinseln Lanzarote und Fuerteventura.

Zwischen der Altstadt im Süden und dem Hafen im Norden verkehrte im 19. Jh. eine Straßenbahn und viele Engländer ließen sich entlang der Strecke Villen mit ausgedehnten Gärten anlegen – die heutige *Ciudad Jardín*.

An Bord der Kreuzfahrtschiffe auf Amerika-Kurs kamen Anfang des 20. Jh. weitere Touristen nach Las Palmas. Die ersten **Hotels** entstanden in den 1940er-Jahren. Zur selben Zeit führte die Landflucht eines Großteils der Bevölkerung dazu, dass sich die Stadt immer weiter nach Süden und Westen ausdehnte.

Mit dem Bau des neuen Flughafens von *Gando* im Süden, auf dem ab den 1960er-Jahren auch die Großflugzeuge der Chartergesellschaften landen konnten, verlor Las Palmas de Gran Canaria seine zentrale Bedeutung für den Tourismus. Zahlreiche Hotels und Apartmenthäuser am Strand von Las Canteras wurden in Wohnungen für die enorm angewachsene Stadtbevölkerung umfunktioniert. Aufwendige Restaurierungsar-

Verführerisch werden die frischen Früchte auf dem Mercado de Vegueta präsentiert

beiten in dem vom Verfall bedrohten alten Stadtviertel Vegueta haben es zu einem historischen Kleinod gemacht und zu neuem Leben erweckt.

Vegueta, das historische Las Palmas

Die interessanteste Besichtigungstour von Las Palmas ist wohl die etwas mehr als 6 km lange Strecke vom **Parque Santa Catalina** im Norden bis **Vegueta**, der Altstadt, im Süden. Den Wagen sollte man am besten in einem der zahlreichen Parkhäuser oder beim Hotel abstellen. Taxen sind preiswert und außerdem kommt man per Bus hervorragend voran. Vom Busbahnhof nahe Triana beim *Parque San Telmo* ist es z. B. nicht weit zur Vegueta und von der Busstation *Teatro Galdós* gelangt man über den Barranco gleich zum *Mercado de Vegueta*, dem Markt und Ausgangspunkt eines abwechslungsreichen Spaziergangs.

Lange Zeit markierte der *Barranco de Guiniguada* die natürliche Grenze zwischen den Stadtteilen Vegueta und Triana. 1972 aber wurde das Flusstal mit einer vierspurigen Schnellstraße überbaut. Diese neue Verkehrsführung zerstörte den ursprünglichen Charakter des historischen Stadtkerns und man beschloss daher, sie durch das Projekt ›Recuperación del Barranco Guiniguada‹ rückgängig zu machen. Doch die Finanzkrise hat die ehrgeizigen Pläne der Stadt vorerst gestoppt. Immerhin konnte man den Mittelstreifen der Schnellstraße schön begrünen und auf beiden Seiten des Barranco verkehrsberuhigte Zonen anlegen.

Zu Beginn eines Bummels durch Vegueta bietet sich ein Besuch des **Mercado de Vegueta** (1), der ältesten Markthalle der Insel, an. Sie ist vor allem deshalb interessant, weil viele Stände *grancanarische Produkte* anbieten, wie diverse Käsesorten, Tomaten und Bananen, Avocados und Mangos, Brunnenkresse und Linsen, Mandelprodukte, Orangen, Zitronen und vieles mehr. Ringsum befinden sich Lebensmittelläden, die man auch von außen betreten kann, wenn die Markthalle geschlossen ist. In der Umgebung gibt es zudem die unerlässlichen *Tapas*-Bars. Sie sind in hübschen, meist zweistöckigen Gebäuden mit lavadunklen Steinverzierungen untergebracht.

Über die geschäftige **Calle Mendizábel** auf der Schmalseite der Markthalle gelangt man auf die ruhige und von edlen Palästen gesäumte **Calle de Montes de Oca**, auch Montesdeoca geschrieben. Davon hat auch das attraktive *Restaurant Casa Montesdeoca* [s. S. 39] seinen Namen, das sich im vornehmen Palast eines reichen spanischen Juden eingerichtet hat. Unmittelbar hinter der Bar befindet sich ein Geheimgang, der ursprünglich in die kleine, schlichte Kapelle **San Antonio Abad** (2) führte, die leider fast immer geschlossen ist. Sie wurde 1485 als erste Kirche von Las Palmas errichtet und im 18. Jh. in ihre heutige Form umgestaltet. Hier soll einst Kolumbus, der angeblich schräg gegenüber logierte, gebetet haben. Die Kapelle bildet eine hübsche Kulisse für die intime, mit Flusskies gepflasterte **Plaza de San Antonio Abad**. Ihre West-

TOP TIPP seite wird von der Rückfront des Kolumbus-Hauses, der **Casa Colón** 3 (www.casadecolon.com, Mo–Fr 9–19, Sa 10–18, So, Fei 10–15 Uhr) eingenommen. Deren ›Schokoladenseite‹ befindet sich allerdings auf der gegenüberliegenden Seite. Das Gebäude ist zwar nicht ganz original erhalten, wurde aber im historisierenden Stil ergänzt. Ursprünglich handelte es sich um zwei separate Bauten: den spätgotischen Palast des Inselgouverneurs (*Casa del Gobernador*) und einen kleineren Privatpalast. Man nimmt an, dass Kolumbus im Jahr 1492, bevor er seine Entdeckungsfahrt nach Amerika unternahm, hier beim Gouverneur wohnte, als er eines seiner drei Schiffe reparieren lassen musste. Später nannte man den gesamten Gebäudekomplex *Haus des Kolumbus*. Zuletzt gehörte die Casa Colón dem berühmten spanischen Tenor Alfredo Kraus, der hier am 24. November 1927 zur Welt kam, aber bis zu seinem Tod 1999 auf Lanzarote und in Madrid lebte.

In der **Calle Colón** kann man das original erhaltene gotische Eingangstor bewundern, dessen monumentales Rahmenwerk mit reichen Steinmetzarbeiten geschmückt ist. Darüber ist das Wappen des Bischofs in die Wand eingelassen. Rechts und links des Portals, im zweiten Stockwerk, befinden sich schwere überdachte Holzbalkone.

Im Museo Casa de Colón ist Kolumbus' karge Kajüte an Bord der Santa María zu sehen

Die Palastfassade zur brunnengeschmückten **Plaza del Pilar Nuevo** weist ein Portal aus rauem, hellgrünem Lavastein mit Blattornamenten und zwei Hunden auf den seitlichen Konsolen auf. Im Unterschied zum original erhaltenen

Die prachtvolle spätgotische Casa Colón weiß viele spannende Geschichten zu erzählen

Portal an der Calle Colón ist dieses Tor eine historisierende Ergänzung von 1955, aus der Zeit als die beiden Gebäudekomplexe zusammengelegt wurden.

Ab 1952 baute der Inselrat die Casa Colón in mehreren Etappen zum **Museo Casa de Colón** aus, wobei viel Wert auf den Erhalt der historischen Ausstattung gelegt wurde. Gotische Brunnen, Portale und Konsolen sind noch heute in den Innenhöfen zu bewundern. In zwölf Sälen, deren Kassettendecken aus dem harten, brandresistenten Kernholz der Kanarischen Kiefer bestehen, präsentiert das Museum heute seine umfangreichen Sammlungen. Sie umfassen Exponate aus *präkolumbianischer Zeit* sowie Modelle, Originalgegenstände, nautische Karten und Instrumente, welche die *Reisen des Kolumbus* dokumentieren. Weitere Schwerpunkte des Museums sind die Bedeutung des kanarischen Archipels für die *Schifffahrt im Atlantik* und die *Stadtgeschichte* von Las Palmas. Eine kleine Bildergalerie mit Werken des 16.–19. Jh. sowie eine völkerkundliche Kollektion zu den Kulturen Mexikos, Ecuadors und der Yanomami ergänzen die Sammlung.

An der Plaza del Pilar Nuevo gewahrt man nicht nur einen Teil der Casa Colón,

Die rotwangige ›Virgen con el Niño‹ ist einer der Schätze des Museo Diocesano

sondern blickt auch auf den Chor der Kathedrale. Geht man um diesen herum, stößt man in der Calle Espíritu Santo bald auf ein kleines Tor, das in einen Kreuzgang mit orangenbepflanztem *Patio* führt. Hier befindet sich ein Seiteneingang der Kathedrale und zugleich der Zugang ins **Museo Diocesano de Arte Sacro** 4 (Mo–Fr 10–16.30, Sa 10–13.30 Uhr). Das kleine Museum präsentiert einige der bedeutendsten sakralen Kunstwerke der Insel. Hier steht etwa der **Cristo de la Sala Capitular**, der Christus des Kapitelsaals, wie das große Prozessionskruzifix aus grau und weiß gefasstem Holz genannt wird. Es stammt von Luján Pérez (1756–1815), dem kanarischen Hauptvertreter des Spätbarock. Der Fußboden des *Kapitelsaales* besteht aus kostbaren handgemalten Majolikafliesen von 1785: Das Medaillon zeigt eine Blumenvase mit den Initialen E. C. für *Eglesia Canaria* (Kanarische Kirche) und ringsum Blumenmotive. In dem Saal sind auch kleinere Silberarbeiten aus dem 18. Jh., ein Elfenbeinkruzifix, eine vergoldete Silbermonstranz sowie eine silberne Votivlampe (17. Jh.) ausgestellt. Im oberen Bischofszimmer steht eine hohe *Holzskulptur* der hl. Catalina (16. Jh.) aus der ersten Kirche von Las Palmas, San Antonio Abad. Der schönste Raum des Museums mit Natursteinmauern und einer Decke aus Vulkanstein und Holz zeigt einige wenige, eindrucksvoll beleuchtete Schätze: die Statue **›Virgen con el Niño‹** (Maria mit Kind) aus dem 16. Jh., eine weitere Marienfigur des 17. Jh. sowie die Skulptur **›hl. Rochus‹**, 17. Jh.) aus dem Kloster Santo Domingo.

Nach der Museumsbesichtigung gelangt man vom selben Kreuzgang aus durch die schlichte *Puerta de Aire* aus der Renaissance in die **Catedral de Santa Ana** 5. Während der Öffnungszeiten des Museo Diocesano (s.o.) kann man sie über das Museum besuchen, das Hauptportal ist nur zur Messe geöffnet. Der Vorgängerbau der Kirche wurde gleich nach der Inbesitznahme durch die Spanier 1497 errichtet und nach einer Brandschatzung durch holländische Piraten Ende des 18. bis Anfang des 19. Jh. erneuert. Die dreischiffige, kreuzrippengewölbte Halle mit Seitenkapellen wird von Bündelpfeilern getragen, der Querarm ist nur leicht angedeutet, die Vierungskuppel niedrig. Die Gewölbe sind mit fantasievoll verschlungenen Kreuzrippen geschmückt. Unter der Vierungskuppel stehen Skulpturen der zwölf Apostel von

Gerahmt von grünen Palmen ist die Casa Consistorial ein repräsentativer Blickfang

Luján Pérez, vor dem Hochaltar hängt beiderseits je eine kleine Barockkanzel an den Bündelpfeilern. Die Chorapsis ist in einer ungewöhnlichen Stilmischung aus Spätgotik und Renaissance überwölbt und zeigt eine angedeutete Muschelform. Die linke Seitenkapelle birgt kostbare, vergoldete Silberarbeiten, die rechte eine eindrucksvolle, farbig gefasste Skulptur, ›**La Dolorosa**‹ (Die Schmerzensreiche) von Luján Peréz: Schwungvoll fällt der blaue, goldumrandete Mantel über das goldfarbene Kleid. Übrigens entstand auch die schwer wirkende, klassizistische Westfassade nach Plänen des berühmten Bildhauers und Architekten Luján Peréz.

Verlässt man die Kathedrale durch ihr Hauptportal im Westen, schaut man direkt auf die lang gestreckte **Plaza de Santa Ana**. An ihrem Anfang, mit Blick auf die Kathedrale, stehen acht lebensgroße Statuen grüner kanarischer Hunde. Diesen Tieren verdanken die Inseln wahrscheinlich ihren Namen (lat. *canus* = Hund). Der steingepflasterte, laternen- und palmengeschmückte Platz mit den ihn rahmenden Palastfassaden wirkt sehr harmonisch. Die Nordseite nimmt der eher schlichte Bischofspalast ein, der **Palacio Episcopal** 6 aus dem 16. Jh. in reinem schnörkellosen Renaissancestil. Da im Palast noch bischöfliche Amtsräume untergebracht sind, kann man nur das Hauptportal und bei geöffneter Pforte den Innenhof bewundern sowie um die Ecke entlang der *Calle Obispo Codina* die besonders schöne Umfassungsmauer des Gartens.

In der nordwestlichen Ecke steht die **Casa del Regente** 7, das Haus der Generalkapitäne, also der politischen wie militärischen Statthalter der Könige, mit einem sehr schönen Renaissanceportal. Links davon, am westlichen Ende des Platzes, befindet sich das Alte Rathaus, die **Casa Consistorial** 8, das nach einem Brand 1842 in schlichtem klassizistischen Stil wieder aufgebaut wurde. Das Gebäude dient heute nur noch repräsentativen Zwecken, weil es für die sprunghaft gewachsene Metropole zu klein geworden war und der Bürgermeister mitsamt Verwaltung in ein größeres Gebäude im Stadtteil Ciudad Jardín umzog.

Auf der Südseite der Plaza de Santa Ana steht ein vornehmer Adelspalast (Haus Nr. 4), in dem heute das **Archivio Historico Provincial Joaquin Blanco** 9 untergebracht ist. Es ist die einstige Residenz von Don José de Viera y Clavijo (1731–1813), dem ersten bedeutenden Historiker der Kanaren. Rechts daneben erhebt sich ein strenges Jugendstilgebäude (Nr. 5) aus grüngrauem Klinker und schwarzem Lavastein.

Ein hübscher Blickfang ist der kleine Pavillon an der Plazuela del Peso de la Harina

Von der Plaza de Santa Ana führt die *Calle del Castillo* zur kleinen **Plazuela del Peso de la Harina** mit einem tempelartigen **Pavillon** ⑩ und Brunnen (19. Jh.). Auf dem Platz stand früher die alte Stadtwaage für Mehl. Wenn zu Ostern die hochverehrte Christusstatue aus der Kathedrale Santa Ana durch die Straßen getragen wird, ist der Pavillon der Wendepunkt der eindrucksvollen Prozession.

Wie im ganzen Viertel, so stehen auch entlang der Calle del Castillo ehrwürdigen Stadtpaläste grancanarischer Adelsfamilien. Die prunkvollen Gebäude sind meist restauriert und warten mit architektonischen Besonderheiten auf. Haus Nr. 1 hat beispielsweise Fenster und Balkontüren, die mit herrlichen Steinmetzarbeiten in Lava geschmückt sind.

Westlich der Plazuela del Peso de la Harina, zwischen Calle Espíritu Santo und Calle Dr. Chil, steht das Kirchlein **Espíritu Santo** ⑪, die Heilig-Geist-Kirche, die sich durch ein schlichtes Renaissanceportal und einen offenen Glockenstuhl auszeichnet.

Die schmale Calle Dr. Chil führt zwischen gepflegten historischen Bauten mit geschnitzten Balkonen weiter abwärts. Auf diesem Weg erreicht man an der Ecke Calle Dr. Verneau das bedeutendste Museum der Insel, das **Museo Canario** ⑫ (www.elmuseocanario.com, Mo–Fr 10–20, Sa/So, Fei 10–14 Uhr). Es wird von einer privaten Stiftung getragen, die keine Kosten scheut, daraus ein ›lebendiges Museum‹ zu machen. So findet man z. B. rechts vom Eingang die reich bestückte Bibliothek, die Schülern und Studenten für Recherchen zur Verfügung steht. Hier fehlt nichts, was mit der Archäologie und Geschichte der Insel und ihrer Bewohner zu tun hat. Zu den bedeutendsten Exponaten zählen die prähistorischen Funde in den zahlreichen Höhlen der Insel, darunter 50 große *Granaros*, aus mehreren Höhlen bestehende Getreidelager, die wohl auch kultischen Zwecken dienten. Die hier geborgenen Webarbeiten aus pflanzlichen Fasern, Lederkleidung, Keramik und Steinwerkzeug sowie Nahrungsreste geben einen Einblick in das altkanarische Alltagsleben. Ebenfalls in Höhlen, aber auch in *Tumuli* (Grabhügeln), entdeckte man balsamierte und mumifizier-

TOP TIPP

Das Museo Canario gewährt eindrucksvolle Blicke in die Vergangenheit Gran Canarias

te Skelette mit reichen, häufig recht gut erhaltenen Grabbeigaben. Anhand ihrer Schädelform konnten die altkanarischen Mumien dem Cromagnon- und dem protomediterranen Menschentypus zugeordnet werden.

Eindrucksvoll ist auch der *Nachbau der Cueva Pintada* [s. S. 60] bei Gáldar. Diese gilt als die schönste ausgemalte Höhle der Altkanarier. Ihre geometrischen Muster sind typische Motive der Guanchenkunst und geben bis heute Rätsel auf: Sind sie wirklich als Sippenzeichen, als eine Art Siegel, gedacht? In ihrer jeweiligen ›Zeichnung‹ sind sie jedenfalls Unikate. Aus dem *Tumulo del Aguajero* bei Gáldar [Nr. 14] schließlich stammt wunderschöne Keramik aus dem 11. Jh. n. Chr., die den Einsturz des Grabhügels um 1930 praktisch unversehrt überstand.

Vom Museo Canario führt die *Calle San Marcos* in wenigen Minuten zur ange-

Die einstigen Herren der Insel

Rund 2000 Jahre lang lebten die Ureinwohner der Kanaren – heute **Guanchen** genannt – friedlich in ihren Höhlen und Steinhütten. Sie sollen von **berberischen Stämmen** abstammen und vielleicht um 500 v. Chr. mit Booten oder Flößen aus Nordafrika gekommen sein.

Die Altkanarier wurden auf den Inseln ansässig. Hier züchteten sie Ziegen und Schweine, bauten Gerste und anderes Getreide an. Zeitweise trieben sie Tauschhandel mit Phöniziern und Römern, die die Färberflechte **Orseille** für das Färben der königlichen Purpurroben benötigten.

Nach der Entdeckung Lanzarotes (1312) gierte die Krone von Aragón nach Land. Missionare suchten neue Betätigungsfelder und ließen sich auf den nördlichen Inseln nieder (1352–87). 1402 starteten die Spanier den ersten Versuch, Gran Canaria einzunehmen, die Eindringlinge wurden jedoch von den Ureinwohnern zurückgeschlagen. Erst 1478 wagte es der spanische Feldherr Juan Rejón, die standhaften Guanchen erneut anzugreifen.

Tenisor Semidán und Doramas, die beiden eigentlich verfeindeten **Guanarteme** (Guanchenkönige), Herrscher über Gáldar und Telde, schlossen sich angesichts der akuten Bedrohung zusammen. Mit Taktik, List und Mannesmut wehrten sich die Urbewohner Gran Canarias fünf Jahre lang erfolgreich. Im Jahr 1483 aber mussten sie der Übermacht und den Musketen der Spanier weichen.

Viele Guanchen wurden versklavt, wer sich retten wollte, trat zum Christentum über. Zwei Anführer sollen sich jedoch lieber vom Felsen der Fortaleza de Ansite [s. Nr. 34] in den Tod gestürzt haben, als sich den Spaniern zu ergeben.

Die letzte Freiheit: der Sprung in den Tod! Guanchen-Denkmal im Parque Doramas

Das Land wurde an die spanischen Soldaten verteilt, die binnen eines halben Jahres **heiraten** mussten, wollten sie Besitzer ihres Grund und Bodens bleiben. Bald war keine Witwe, keines der jungen Mädchen mehr unverheiratet, Kastilianer und Guanchen vermischten sich recht schnell.

Heute noch leben die Guanchen im Blut der **Kanarier** weiter, die es ablehnen, als Spanier bezeichnet zu werden. Seit dem Ende der Franco-Diktatur – diese hatte die Geschichte des kanarischen Archipels stets verleugnet – erinnern sich die Inselbewohner wieder ihrer Herkunft, beleben alte Sitten, machen aus dem Guanchen-Ringkampf, der **Lucha Canaria** [s. S. 114], einen Volkssport, essen **Gofio**, das gebrannte Kraftmehl der Ureinwohner, und geben ihren Kindern Guanchen-Namen.

nehmen, von Indischen Lorbeerbäumen beschatteten **Plaza Santo Domingo**. Das umliegende Viertel mit seinen niedrigen, balkonverzierten Steinhäusern ist malerisch und auf dem hübschen Platz lockt ein kleiner Springbrunnen. So friedlich war es hier nicht immer: Im ausgehenden Mittelalter wurden auf dem Platz Scheiterhaufen errichtet. Im Auftrag der Inquisition ließen hier damals Dominikanermönche Ketzer hinrichten.

TOP TIPP Dominiert wird der Platz von der Kirche **Santo Domingo** 13. Das Gotteshaus aus dem 17. Jh. mit Erweiterungen (Fassade und Türme) aus dem 18. Jh. ist nur während der Messe geöffnet (am sichersten abends gegen 20 Uhr), aber sein Besuch lohnt sich. Die dreischiffige Basilika ist goldglänzend und reich ausgestattet. Sie ist u.a. die Grablege einer der bedeutendsten Familien Gran Canarias, der Condes de la Vega Grande, die ihr imposantes Wappen aus schwarzem Basalt direkt vor dem Hochaltar platzieren ließen. Der raumhohe Altar selbst wirkt geradezu verspielt, die Figuren rechts vom Altar stammen von Luján Pérez, viele andere in dieser Kirche werden ihm ebenfalls zugeschrieben. Die Enden der Seitenschiffe markieren weitere reich mit Figuren und gedrehten Säulen geschmückte Altäre.

Zurück zur Calle Dr. Chil und meerwärts schlendernd, hat man durch die erste Straße links, die Calle Reloj, einen schönen Blick seitlich rechts auf die zweitürmige Kathedrale und geradeaus auf das *Gabinete Literario* jenseits des *Barranco de Guiniguada*.

Das CAAM begeistert Freunde moderner Kunst und Architektur gleichermaßen

Geht man aber in die zweite Querstraße links vorbei an der Chorapsis der Kathedrale und dann rechts ein kleines Stück durch die *Calle de los Balcones*, trifft man rechter Hand auf einen klassizistischen Palast. Er wurde 1989 vollkommen entkernt und besitzt heute ein modernes Inneres. Der Palast beherbergt das

TOP TIPP interessante **Centro Atlantico de Arte Moderno** 14 (Di–Sa 10–21, So 10–14 Uhr, Tel. 928 311 800, www.caam.net). Aufgabe dieses zeitgenössischen Kulturzentrums ist es, Gran Canaria als Angelpunkt der Kulturen zwischen Europa, Amerika und Afrika darzustellen. Schwerpunktmäßig ist hier spanische und internationale Kunst der Moderne zu sehen. Darüber hinaus zeigt man aber auch internationale Wechselausstellungen, die zum Thema des Kulturzentrums passen. Eine große *Bibliothek* sowie ein *Dokumentations- und Studienzentrum* (mit Multimedia) sind angegliedert und stehen Besuchern zur Verfügung. Ferner werden hier unterrichtsbegleitende Seminare für Schüler und Lehrer angeboten.

Zuständig für den Ausbau des Palastes und zugleich erster Direktor des **CAAM** war der in Spanien berühmte Bildhauer *Martín Chirino* (* 1925). Über die Architektur des Zentrums, entworfen von dem Basken *Saenz de Oiza*, geriet Chirino immer wieder in Begeisterung. Verständlich, denn er sah darin die gelungene Verbindung von kanarischer Bauweise und Architektur des 20. Jh. So reihen sich die modernen Ausstellungssäle um einen typisch kanarischen Patio. In einen zweiten Innenhof setzte Oiza einen hohlen Kubus, der auf vier Stockwerken weitere Räume mit Kunstwerken beherbergt. Bekrönt wird der klassizistische Palast von einem gläsernen *Dachgeschoss* mit zwei auffälligen Satteldächern. Von hier oben hat man einen herrlichen Blick auf die Altstadt und das Meer. Die Geländer sind weiß gestrichen und erinnern an die Reling eines Schiffes – »die Atlantik-Idee« nannte es Chirino, der bis 2002 Direktor des Kulturzentrums war. Der Eintritt für das CAAM ist frei. Nach Chirinos Wunsch »soll jeder hineinspazieren können und bereits nach einer Stunde ein Gefühl für die Moderne bekommen«.

Weitere Ausstellungsorte unterhält das CAAM im Nachbarhaus des Hauptge-

Wunderschöne Häuserzeilen säumen die Fußgängerzone in der Calle Mayor de Triana

bäudes, die nach ihrer Adresse benannte Galerie ›**Balcónes 9**‹, und an der Plaza San Antonio Abad, die **Sala San Antonio Abad** (beide Öffnungszeiten wie CAAM).

Vom CAAM aus geht der Weg nun Richtung Meer, die erste Gasse links bis zur Calle Mendizábel und dann am Markt vorbei zur Plaza del Mercado zurück, dem Ausgangspunkt des sicher anstrengenden, aber doch schönen Altstadtbummels. Für eine Pause bieten sich hier zahlreiche gute, wenn nicht gar die besten Tapas-Bars der Stadt an. Übrigens sollte man vor der Bestellung nach den Preisen fragen, denn die Besitzer schlagen sie manchmal gar nicht erst an, dann aber bei Touristen zu …

Nach der Rast geht man in Höhe der Markthalle nach Norden direkt auf das **Teatro Galdós** 15 (Tel. 928 43 38 05, www.teatroperezgaldos.es, Besichtigung: Mo–Sa 10–13 Uhr) zu. Es ist das renommierteste Theater Gran Canarias und wurde bei der Sanierung 2007 um ein modernes Bühnengebäude ergänzt. Mit dem Bau des Schauspielhauses wurde bereits 1852 begonnen, doch erst zu Beginn des 20. Jh. konnte es von Miguel Martín Fernández de la Torre fertig gestellt werden. Die Fresken im Inneren des Gebäudes schuf der Bruder des Architekten, Néstor Martín Fernández de la Torre (1888–1938), einer der bedeutendsten Maler des Symbolismus auf Gran Canaria. Gewidmet ist das Theater dem Dichter Benito Pérez Galdós, der nicht weit von hier [Haus Nr. 20] im Jahr 1843 das Licht der Welt erblickte. Er starb 1920 in Madrid.

Triana

Ein Stück westlich vom Theater beginnt die beliebte Flaniermeile **Calle Mayor de Triana** 16. Eine bunte Mischung aus mehr oder weniger schicken Kaufhäusern, kleinen Tabakläden, eleganten Boutiquen, Filialen internationaler Modemarken und Banken säumt die Fußgängerzone. Dank umfassender Restaurierungsmaßnahmen in den 1990er-Jahren bezaubern viele der Fassaden mit üppigem Dekor und kunterbunter Bemalung.

Vom Theater kommend, lohnen sich Abstecher Richtung Hügel zur **Plaza Mendoza** mit ihren vielen Cafés und zur **Calle Peregrina**, die hübsche Häuser mit zierlichen Holzbalkonen (18. Jh.) säumen. Hier befinden sich kleine Boutiquen, Antiquitäten- und Schmuckläden.

Die *Calle Remedios* führt zur dreieckigen **Plaza Cairasco** mit ihren hohen Palmen und dem Denkmal für den Dichter Bartolomé Cairasco de Figueroa (1538–1610). Es steht vor einem der ältesten Theater der Stadt (Mitte 19. Jh.). 1884 wurde das Schauspielhaus in das **Gabinete Literario** 17 umfunktioniert, eine Mischung aus Klub und Literatursalon. Die hohe Glaskuppel über der Eingangshalle, von der eine doppelläufige Treppe schwungvoll nach oben führt, wirkt wahr-

Schönheiten vergangener Epochen bewahren die Fassaden der Calle Mayor de Triana

lich theatralisch. In dem hübschen Bau existiert noch immer ein privater Klub mit Empire-Ballsaal und Salons, Bibliothek und Lesezimmer. Man wird von livrierten Kellnern freundlich bedient – alles ganz traditionell sowie recht teuer. Und dies, obwohl das Haus inzwischen der Inselregierung gehört, dem *Cabildo Insular*.

Rechts vor dem Gabinete Literario befindet sich das altehrwürdige **Hotel Madrid** 18, in dem 1936 General Franco auf seinem Weg nach Marokko übernachtet haben soll, bevor er den Spanischen Bürgerkrieg begann. Gar nicht historisch sind die Plastikmöbel vor dem kleinen, innen holzgetäfelten Hotel, aber dennoch ist es ein schöner, einladender Platz für eine Kaffeepause.

Links hinter dem Gabinete Literario führt die *Calle General Bravo* in wenigen Schritten auf die Kirche **San Francisco** 19 zu, die nur zur Messe geöffnet ist. Ihre **›Virgen de la Soledad‹** (Jungfrau der Einsamkeit) wird von den Canarios sehr verehrt, weil sie die Gesichtszüge der Klostergründerin Königin Isabella I. tragen soll. Die kleine Kirche ist wegen ihres Portals (17. Jh.) und ihrer *Mudéjar*-Decke sehenswert. Sie gehörte einst zu einem Franziskanerkloster und ist dessen einziges Überbleibsel.

An der Rückseite des Gabinete Literario zweigt rechts die schmale Calle Malteses ab. In der zweiten Querstraße links, der *Calle Cano*, steht gleich rechts (Haus Nr. 6) die **Casa Museo Pérez Galdós** 20 (Tel. 928366976, www.casamuseoperezgaldos.com, Mo–Fr 9–21, Sa 10–18, So 10–15

Der Weg nach oben führt im Gabinete Literario in literarische Höhen oder ins sog. Casino

Uhr). Das Geburtshaus des Romanciers und Dramatikers Benito Pérez Galdós (1843–1920) ist mit vielen Einrichtungsgegenständen, die auch aus seinen diversen Wohnungen auf dem Festland stammen, liebevoll als Museum gestaltet. Neben seinen Möbeln sind Bücher, Briefe sowie Alben mit Zeichnungen und Manuskripten des Schriftstellers ausgestellt. Hier kann man sich ein gutes Bild von der einstigen Wohnkultur in Triana machen.

Ebenfalls in der Calle Cano, im Haus Nr. 24, befindet sich die **Libreria del Cabildo** (Buchhandlung der Inselregierung, www.libreriadelcabildo.com), in der Interessenten fast alles an *Literatur* finden, was über Gran Canaria und die Kanaren publiziert wurde. Auch Kunstbücher und Nachdrucke alter Schriften zu Geschichte und Kultur, Wanderführer und Karten gibt es hier in großer Auswahl zu kaufen.

Parallel zur Calle Cano verläuft die *Calle Mayor de Triana*. Am Ende der Fußgängerzone lädt der hübsche Platz **Parque San Telmo** mit seinen riesigen, großblättrigen Gummibäumen und schönen Palmen zu beschaulicher Rast ein. Und am Sonntagvormittag lockt hier der Flohmarkt (*Rastro*) zum Stöbern.

Gleich an seinem Anfang steht die kleine Kapelle **San Telmo** 21. Sie ist dem Schutzpatron der Seeleute und Fischer geweiht und Ausgangspunkt der *Prozession am Palmsonntag*. Die zauberhafte, einschiffige Kapelle aus dem 17. Jh. mit offenem Dachstuhl dient als *Pfarrkirche* von Triana. Sie besitzt drei imposante, reich geschmückte Barockaltäre mit salomonischen, also gedrehten Säulen und im Chor eine herrlich gearbeitete, farbig gefasste und vergoldete Holzdecke, von der kleine Segelboote als Votivgaben der Fischer herabhängen.

Gegenüber der Kapelle steht ein kleiner Zeitungskiosk aus der Zeit um 1900. Am anderen Ende des Parks bezaubert ein größerer, hübscher **Kiosk** mit maurisch anmutender, farbenfroher Jugendstil-Dekoration aus Majolikafliesen und bunten Mosaiksteinchen – eine wahre Augenweide! Hier kann man auch sitzen und z. B. ein Eis, einen Kaffee oder ein Bier in Ruhe genießen. An warmen Tagen werden ein paar Tischchen ins Grüne gerückt.

Als Oase der Ruhe im Großstadttrubel lockt der Parque San Telmo mit Jugendstil-Kiosk

Ciudad Jardín

Im 19. Jh. begann sich Las Palmas nach Norden in Richtung Puerto de la Luz auszudehnen. Vom Parque San Telmo nimmt man nun am besten den Bus oder ein Taxi und fährt Richtung *Santa Catalina-Viertel*.

Wer gut zu Fuß ist, kann aber auch entlang der Meerespromenade etwa bis zur Höhe der langen Mole des Sporthafens (*Muelle Deportivo*) nach Norden schlendern und gegenüber die wenigen Schritte, über die vielbefahrene Calle Castillo y León hinweg, zum **Parque Doramas** gehen. Dieser liegt am westlichen Rand der *Ciudad Jardín* mit ihren hübschen kleinen Villen und schmalen, schattigen Straßen. Im Park erinnert das eindrucksvolle **Guanchen-Denkmal** 22 [s. S. 27] an die Ureinwohner Gran Canarias.

Hinter dem Park steht das 1880 errichtete, älteste Nobelhotel der Stadt inmitten von haushohen Palmen. Nach mehreren Umgestaltungen und umfassender Modernisierung zeigt sich das **Hotel Santa Catalina** 23 [s. S. 38] heute mit ganz eigenem Charme: Ein wenig ›kanarischer Stil‹, ein wenig ›Old Britain‹, wie es sich die Engländer für ihre Villenkolonie *Ciudad Jardín* wünschten, dazu ein bisschen Zuckerbäckerstil. Aber sympathisch ist es, mit dunkler Holztäfelung, Marmor und lüstergeschmücktem Ballsaal. Man sollte das Hotel wenigstens einmal zum Tee oder auf einen Drink besuchen, um die angenehm-nostalgische Atmosphäre zu genießen.

Links vom Hotel bildet das ›Kanarische Dorf‹ **Pueblo Canario** 24 (Di–Sa 10–20, So 10.30–14.30 Uhr) jeden Sonntag 11.30–13 Uhr den Mittelpunkt des touristischen Interesses, wenn *Folkloregruppen* in farbenprächtigen Kostümen traditionelle Tänze vorführen. Die beiden Souvenirläden vor Ort profitieren nicht schlecht davon, genauso wie ein gemütliches Café-Restaurant.

Weniger beachtet wird das Museum genau gegenüber, das dem Initiator des Pueblo Canario gewidmet ist: das **Museo Néstor** 25 (www.laspalmasgc.es/mnestor, Di–Sa 10–20, So 10.30–14.30 Uhr). Der stark vom Symbolismus geprägte Maler und Architekt Néstor Martín Fernández de la Torre (1887–1938) entwickelte bereits in den 1930er-Jahren die Idee eines umweltschonenden Tourismus, der seine schöne Insel den Besuchern zugleich folkloristisch näherbringen sollte. Deshalb ließ Néstors Bruder, der Architekt Miguel Martín Fernández de la Torre, ab 1939 für ihn ganz in seinem Sinne und nach seinen Aquarellzeichnungen das Pueblo Canario für Folkloredarbietungen erbauen. 1956 folgte die Einweihung des Museums, 1987 die der Galerie Kanarischer Gegenwartskunst innerhalb des Hauses. In der Rotunde gegenüber dem Eingang sind einige Meisterwerke Néstors ausgestellt, so etwa der Zyklus ›Poem Erde‹ von 1928–38. Auch das ›Atlantik-Poem‹ ist zu sehen. Dieser Gemäldezyklus zeigt das Meer im Wandel von Ebbe und Flut, Sturm und Windstille, Sonnenschein und Dunkelheit. Er ist 1913–23 in Paris entstanden. Ein weiterer Saal präsentiert Néstors Entwürfe von Opernkostümen sowie die Architekturzeichnungen für das Pueblo Canario und den *Parador* (Albergue) am Cruz de Tejeda [Nr. 41]. Beide Projekte konnten erst nach dem Tod des Künstlers vollendet werden.

Das Wegstück zwischen der Ciudad Jardín und dem Stadtteil Santa Catalina umgeht oder umfährt man besser. Die Strandpromenade übrigens verbindet den **Jachthafen** mit dem Sporthafen und dem riesigen Passagier- und Handelshafen Puerto de la Luz.

Santa Catalina

Unweit der Base Naval liegt die geschäftige *Avenida Mesa y Lopez* mit den beiden Gebäuden von **Corte Inglés** 26, der bekanntesten Warenhauskette Spaniens. In über 200 Abteilungen gibt es

Mitreißend geht es bei den traditionellen Tänzen im Pueblo Canario zu

Der Jachthafen bietet den Skippern alles – und für Besucher stets ein buntes Bild

hier alles nur Erdenkliche zu kaufen: Mode und Elektronik, Lebensmittel und traditionelles Kunsthandwerk u.v.m. Ein Dolmetscherservice ist den internationalen Kunden behilflich.

Die Avenida bildet die Grenze zwischen *Alcaravaneras* und *Santa Catalina*. Der nahe Platz **Parque Santa Catalina** 27 ist das heftig schlagende Herz dieses Stadtteils, baumbeschattet und großzügig gestaltet mit zahlreichen Cafés und Bars. Schon frühmorgens trinken die ersten Stadtbewohner hier ihren ›kurzen‹ starken *Café* oder einen *Cortado* (mit etwas Milch) bzw. einen *Café con leche* (Milchkaffee), lassen sich dazu eine Kleinigkeit zu essen zubereiten und einen frischen Orangensaft von den köstlichen Inselfrüchten pressen. Vor den Cafés stehen bei fast jedem Wetter kleine Spieltische, an denen meist ältere Männer Domino oder Schach spielen – an Zuschauern mangelt es nicht. Zeitungskioske und Stände mit Souvenirs (vor allem Lederwaren) ergänzen das Angebot. Und zur *Festivalszeit* Januar/Februar (ausgenommen Karneval) finden sonntagmorgens unter einer Gruppe alter, Schatten spendender Bäume klassische Konzerte statt.

Südlich vom Parque Santa Catalina zeigt Las Palmas bereits sein zeitgenössisches Gesicht, denn 1996 wurde hier das postmoderne **Edificio Urbis** 28, das Gebäude der spanischen Bank Banesto eingeweiht. Die Fassade prunkt mit weißem, hell- und dunkelgrauem Marmor, großen Spiegelfenstern und den knalligen Hausfarben der Bank (Blau und Rot).

Zwischen Parque Santa Catalina und Hafen wurden auch zwei *historische Lagerhäuser* für kulturelle Zwecke umgestaltet, eines mit einer – architektonisch geradezu waghalsig in den historischen Kern eingelassenen – Parkgarage. Der

Ein kleines Spielchen unter Freunden wird am Parque Santa Catalina geschätzt

Die Playa de las Canteras von Santa Catalina mit ihrem kilometerlangen, feinen Sandstrand lockt Jung und Alt zum sonnigen Badespaß

Komplex beherbergt u. a. das interessante Technik- und Wissenschaftsmuseum **Museo Elder** 29 (www.museoelder.org, Di–So 11–21 Uhr). Auf fast 7000 m^2 widmet sich die Ausstellung den großen wissenschaftlichen Erfindungen und technologischen Entwicklungen der Menschheit, z. B. der Raumfahrt. Das Museum legt besonders viel Wert auf Interaktivität – von 220 Exponaten können 200 nicht nur betrachtet, sondern auch angefasst und ausprobiert werden.

Zur **Karnevalszeit** werden die Fassaden der Lagerhäuser in die meist sehr prachtvollen Festkulissen integriert. Die Gegend wird zum Herzstück des Karnevalstreibens von Las Palmas, für das sich die kilometerlange Promenade als Laufsteg für die kunstvoll Kostümierten besonders gut eignet.

Der Platz Parque Santa Catalina ist zum Hafen hin geöffnet und Fußgänger können von hier zum supermodernen Einkaufszentrum **El Muelle** schlendern. Ganz in der Nähe entstand an der engsten Stelle, also am Isthmus, das Freizeit- und Einkaufsviertel *La Gran Marina* als Verbindung zwischen Hafen und Las Canteras. Als neues Wahrzeichen der Stadt gilt seit 2005 das hoch aufragende Wohn- und Geschäftshaus **Torre Woermann** 30, dessen obere Etagen vom Winde verweht erscheinen. Mit seiner futuristischen Erscheinung löst das Bauwerk der Architekten Ábalos & Herreros den Betonturm des Hotels *AC Gran Canaria* als markanten Blickpunkt der Stadtsilhouette von Las Palmas ab.

Hafen und Isleta

Ausgangspunkt für einen Rundgang mit Hafen und Isleta ist die Markthalle des **Mercado del Puerto** 31 (Mo–Do 8–14.30, Fr/Sa bis 15 Uhr) mit ihrer gusseisernen Konstruktion, die die französische Firma *Eiffel* an der Wende des 19. zum 20. Jh. errichtete. Von hier aus kann der Besucher seinen Bummel über die einladende Allee zum Hafen fortsetzen, der sich rechter Hand erstreckt. Gegenüber dem **Muelle Pesquero** (Fischermole) steht fast geduckt das **Castillo de la Luz** 32, umgeben von einem öffentlichen Park mit Rosengarten. Wie auch das im Süden gelegene *Castillo de San Francisco* diente es einst dem Schutz der jungen Stadt vor Piratenüberfällen und Angriffen feindlicher Mächte. Die hiesige Befestigungsanlage der Isleta wurde kurz nach der Eroberung der Insel 1474 fast 8 km nördlich des damaligen Stadtkerns von Vegueta erbaut. Heute bietet das restaurierte Castillo einen schönen Rahmen für Wechselausstellungen (meistens nur für die Ausstellungsdauer geöffnet).

Am mittlerweile umfassend modernisierten **Puerto de la Luz** (1883) beginnt der **Handelshafen** 33 mit seiner überdimensional langen Mole. Die Hafenanlage darf auf Anfrage in Gruppen oder einzeln besichtigt werden (Informationen beim Touristenamt an der Playa de las Canteras). Am interessantesten ist ein Besuch im Winterhalbjahr, wenn vor allem Tomaten und Bananen für den Export gelagert und eingeschifft werden.

Hinter den Lagerhallen öffnet sich das **Hafenviertel**, in dem schnurgerade Straßen mit einfachen Wohnhäusern und

zahlreichen Kneipen (auch gute Fischrestaurants!) einen recht gemütlichen Eindruck vermitteln.

Der größere Teil der einstigen Insel **La Isleta** steht bereits unter Naturschutz und wird nicht mehr bebaut. Hier befindet sich eines der besten Surfreviere Europas. Das weitgehend naturbelassene Gebiet mit ausgewiesenem FKK-Bereich wurde durch die Verlängerung der Promenade an Canteras angebunden.

TOP TIPP Playa de las Canteras

Am schönen Sandstrand der **Playa de las Canteras** 34 auf der Westseite des Isthmus, dem Zentrum des Tourismus von Las Palmas, kann man herrlich sonnenbaden und schwimmen. Die *Barra*, ein künstliches, vorgelagertes Riff, schützt den Strand vor hohem Wellengang. Zum Flanieren lädt eine 3,8 km lange, autofreie und von Palmen beschattete Promenade ein. Sie wird von Cafés, Bars und Restaurants gesäumt und von zahlreichen Hotels und Apartmentanlagen überragt. Einige der Häuserwände wurden im Auftrag der Stadtverwaltung von Inselkünstlern mit Meeresmotiven (Delfinen, Fischen und Möwen) bemalt.

Jenseits der Hotelzone kann man das **geschäftige Treiben** einer echten Hafenstadt genießen – mit endlos vielen Lokalen, Nachtklubs sowie Läden, die angeblich zollfreie, jedenfalls meist preiswerte Ware feilbieten.

Auf der Terrasse des Paradehotels **Reina Isabel** 35 [s. S. 38] direkt an der Hafenpromenade sollte man sich unbedingt eine Kaffeepause gönnen. Denn von hier aus genießt man nicht nur einen wunderbaren Blick auf das Meer, sondern kann auch die anderen Gäste und die Passanten bestens beobachten.

Wie eine maurische Festung mit hohen Mauern und schießschartenartigen

Los Riscos: Wie bunte Mosaiksteinchen schillern die verschachtelten Häuser von San Juan

Fenstern thront am südwestlichen Ende der Playa de las Canteras das 1997 eröffnete **Auditorio Alfredo Kraus y Palacio de Congresos de Canarias** 36 (Führungen für Gruppen, Anmeldung unter Tel. 928 49 17 70, Tickets unter Tel. 902 40 55 04, www.auditorio-alfredokraus.com). Das mächtige Konzert- und Kongresszentrum ist nach *Alfredo Kraus* (1927–1999) benannt. Der international bekannte Tenor wurde in der Casa de Colón [s. S. 23] von Las Palmas geboren. Ein Anliegen des katalanischen Architekten *Óscar Tusquets* war es, den Bau in eine enge Verbindung

Dem Meer geweiht: das Konzert- und Kongresszentrum Auditorio Alfredo Kraus

zum wenige Schritte entfernten Meer zu setzen. So bekrönte er etwa die nüchterne Fassade mit einem Turm, der mit seiner weißen Kuppel auf gläsernem Tambour an einen Leuchtturm erinnert.

Auch das Innere des Auditoriums ist aufs Meer ausgerichtet: Der spektakuläre **Konzertsaal** besitzt direkt hinter der Bühne ein 100 m² großes halbrundes Fenster, das den Blick auf die endlose Weite des Atlantiks freigibt. Zur maritim geprägten **Ausstattung** des Hauses gehören auch Skulpturen, die in Zusammenarbeit mit dem grancanarischen Bildhauer *Juan Bordes* entstanden. Fische und Muscheln, Krabben und Meerjungfrauen aus Aluminium, Stahl, Bronze und Holz zieren das Gebäude. Zum Komplex gehören ferner elf mit modernster Technik ausgestattete Säle, in denen zahlreiche internationale Kongresse und Kulturveranstaltungen stattfinden. Jedes Jahr im Januar ist der Konzertbau Schauplatz des renommierten **Festival de Música de Canarias** [s. S. 127]. Gerade was die Klassische Musik betrifft, blickt Gran Canaria auf eine lange Tradition zurück, denn in Las Palmas wurde 1845 die erste Philharmonische Gesellschaft Spaniens gegründet.

Faszination und Feuer des Flamenco

Los Riscos

Schon um 1800 ließen sich reiche Grancanarios in den Hügeln oberhalb von Vegueta und Triana nieder. Ihre Häuser standen meist alleine und waren von großen Gärten umgeben. Ab der Mitte des 19. Jh. entstanden in dieser Gegend jedoch auch zahlreiche Wohnsiedlungen für Zuwanderer aus den Dörfern.

Heute sind die meisten dieser Viertel saniert und mit ihren alten, bunt bemalten Häusern und hübschen Plätzen sehr sehenswert. Sie erinnern mit ihrer engen Bauweise stark an maurische *Kasbahs*. *Los Riscos* nennen die Grancanarios jene Siedlungen in Hanglage. Jede einzelne von ihnen trägt den Namen eines Heiligen, z. B. **San Bernardo** und **San Lázaro**, **San Antonio**, **San Juan** und **San Roque**.

i Praktische Hinweise

Information

Puntos de Información: Plaza de Hurtado Mendoza s/n, Triana; Parque de San Telmo s/n (Nähe Ermita), Triana; Paseo Las Canteras beim Hotel Cristina; Avenida José Mesa y López s/n (zwischen beiden Gebäuden von El Corte Inglés), Alcaravaneras; Parque de Santa Catalina s/n (neben Comisaría de la Policía Local), Santa Catalina; und am Flughafen, Tel. 928 44 68 24, www.grancanaria.com.

Bus

Estación de Guaguas, zentrale Station für die Inselbusse der Gesellschaft *Global* (www.globalsu.net), Las Palmas, gegenüber vom Parque de San Telmo.

In Las Palmas selbst fahren Busse der Gesellschaft *Guaguas Municipales* (www.guaguas.com) in dichter Folge. Zwischen Hafen bzw. dem Stadtteil Santa Catalina (Parque Santa Catalina) und der Altstadt/Triana (ab Teatro Galdós) verkehren die Busse Nr. 1 und 2 sowie als Schnellverbindung Nr. 12, der einen Großteil der Strecke über die Stadtautobahn/Avenida Marítima fährt.

Nachtleben

Bar Ibex 35, Plaza de la Musica, Auditorio Kraus, Las Palmas. Auch Live-Musik, preiswerte Getränke, Do-Sa 20-5 Uhr.

Diskothek Las Brujas, bei der Tropical-Brauerei, Tafira, www.lasbrujas.net. Am Wochenende Transport von und zur Plaza de las Ranas/Vegueta, freier Eintritt.

Einladend großzügige Lobby im wunderschön restaurierten Traditionshaus ›Santa Catalina‹

Paraninfo, Calle Luis Morote 51, Las Palmas. Auch Live-Konzerte, Di, Do–Sa 23-5Uhr.

Tanzlokal Veguetita, Calle Remedios, Triana. Kultlokal, lateinamerikanische Musik Do, Sa 24-4, Tango Fr 21–24 Uhr.

Hotels

*******Cristina Las Palmas**, Calle Gomera 6, Las Palmas, Tel. 928 26 80 50, www.hotelcristinalaspalmas.com. Großzügiges Hotel am Las Canteras-Strand. Pool auf windgeschützter Terrasse. Sehr gutes Restaurant. Abends Piano-Bar, später Disco.

TOP TIPP *******Santa Catalina**, Calle León y Castillo 227, Las Palmas, Tel. 928 24 30 40, www.hotelsanta catalina. com. Das Traditionshaus ist etwas für Stadt-Fans. Zu den Annehmlichkeiten gehört auch ein Spa-Center.

******AC Gran Canaria**, Calle Eduardo Benot 3, Las Palmas, Tel. 928 26 61 00, www.ac-hoteles.com. Weithin sichtbarer Hotelturm (ehem. Los Bardinos) zwischen Passagierhafen und Las Canteras. Pool mit einzigartigem Rundumblick auf dem Dach, Restaurant im 23. und 24. Stockwerk.

******Best Western Hotel Cantur**, Calle Sagasta 28, Las Palmas, Tel. 928 27 30 00, www.hotelcantur.com. Sehr beliebtes Hotel zwischen Playa de las Canteras und Hafen mit Pool auf dem Dach.

******Imperial Playa**, Calle Ferreras 1, Las Palmas, Tel. 928 46 88 54, www.nh-hoteles.es. Angenehmes Hotel am nördlichen Ende von Las Canteras mit Blick über den gesamten Strand.

******Reina Isabel**, Calle Alfredo Jones 40, Las Palmas, Tel. 928 26 01 00, www.bullhotels.com. Traditionsreiches Haus direkt an der Playa de las Canteras mit eigenem Strandbereich und Pool auf dem Dach.

*****Hotel Aloe Canteras**, Calle Sagasta 98, Las Palmas, Tel. 928 46 96 08. 2011 saniertes angenehmes Hotel (ehem. Tenesoya) mit Restaurant am Las Canteras-Strand. Einige Zimmer bieten direkten Meerblick.

*****Hotel Parque**, Muelle de Las Palmas 2, Las Palmas, Tel. 928 36 80 00, www.hparque.com. Direkt am Parque San Telmo gelegenes, freundliches Hotel.

***Madrid**, Plaza de Cairasco 4, Las Palmas, Tel. 928 36 06 64, www.elhotel madrid.com. Historisches Hotel im Stadtteil Triana. Ruhige Lage. Café im Freien.

Apartamentos Canteras Vista Playa, Calle Prudencio Morales 23, Las Palmas,

Tel. 928 46 27 02, www.canterasvistaplaya.com. Gepflegtes Apartmenthaus mit Rezeption am nördlichen Ende von Las Canteras, einige mit Traumblick auf den Strand. Für bis zu 6 Personen.

Restaurants

Amigo Camilo, Calle Caleta 1 (am nördlichen Ende des Las Canteras-Strandes), Las Palmas. Auf der Panoramaterrasse mit Blick auf Las Canteras und Isleta mundet der Fisch vorzüglich, entweder gebraten (*a la plancha*) oder ausgebacken (frito) (tgl. 13–24 Uhr).

Casa Carmelo, Paseo de Las Canteras 2, Las Palmas, Tel. 928 46 89 27. Freundliches Grillrestaurant am nördlichen Ende des Las Canteras-Strandes.

Casa de Galicia, Carrer Salvador Cuyás 8, Las Palmas, Tel. 928 27 98 55, www.casagalicialp.es. Gemütliches, echtgalizisches Fischrestaurant mit gehobenen Preisen in bester Lage nahe Las Canteras.

TOP TIPP **Casa Montesdeoca**, Carrer Montesdeoca 10, Vegueta, Las Palmas, Tel. 928 33 34 66, www.casamontesdeoca.com. Im angenehm kühlen, pflanzengeschmückten Innenhof des historischen Hauses [s. S. 22] kann man eine echt kanarische Mahlzeit (Spezialität Flambiertes) einnehmen. Man kann aber auch nur ein Gläschen Wein an der gemütlichen Bar gleich links vom Eingang trinken (So geschl.).

Kanarische Köstlichkeiten von meisterlicher Hand frisch zubereitet

El Arrostar, Carrer Salvador Cuyas 10, Las Palmas, Tel. 928 27 26 45. Kleines, modernisiertes Restaurant. Spezialität ist Paella (Mo geschl.).

El Herreño, Calle Mendizábal 5, Las Palmas,Tel. 928 31 01 13. Rustikales Tapas-Lokal mit Riesentheke in Vegueta.

Tapa en Tapa, Calle Diderot 23, Vegueta, Las Palmas, Tel. 928 49 00 55. Sehr große Tapas-Auswahl (So geschl.).

Speisen im Grünen: der pflanzengeschmückte Innenhof des Restaurants Casa Montesdeoca

Der Nordosten – geruhsame Ländlichkeit

Vom weit ins Meer hinausreichenden Las Palmas de Gran Canaria ins Inselinnere zu fahren, um den Nordosten zu erkunden, das heißt in kürzester Zeit einen Riesensprung zu machen von dichter Urbanität aufs sprichwörtliche Land. Was nicht nur Landwirtschaft und Dörfliches bedeutet, sondern auch wilde, scheinbar unberührte Natur wie Vulkankrater und tiefe Schluchten sowie Orte mit gut erhaltener, typisch kanarischer Bausubstanz und einer Fülle an Kirchenschätzen.

Die ausgewählte Route führt zunächst entlang der Küste nach Westen und dann über kurvenreiche Straßen ins Hinterland nach **Arucas**, in die Stadt der Steinmetze, die sich den höchsten Kirchturm der Insel aus ihrem berühmten, blauschwarzen Basalt leistete. **Teror** ist das Zentrum der Marienverehrung mit seiner traurig-schönen ›Nuestra Señora del Pino‹. **Vega de San Mateo** wird allsonntäglich zum Besuchermagnet wegen seines bunten Marktes und in **Santa Brígida** könnte man gerne für längere Zeit Station machen, denn das luxuriöse Hotel gleichen Namens bietet Komfort pur in ruhiger, recht britischer Atmosphäre. Der nahe Vulkankrater von **Bandama** lockt zum Wandern, Sportliche erfreuen sich in seiner Nähe am Golfplatz und in **Tafira Alta** schlagen Botanikerherzen höher beim Besuch des Jardín Canario.

2 Arucas

Die Stadt der blauschwarzen Basaltsteine und der berühmtesten Steinmetze Gran Canarias, die sich mit ihrer Pfarrkirche eine wahre Kathedrale geschaffen haben.

Man verlässt Las Palmas durch den Straßentunnel Richtung Agaete und folgt der fast durchgehend vierspurig ausgebauten GC-2 westwärts. Nach knapp 9 km zweigt die GC-21 nach Arucas ab, das schließlich nach weiteren 4 km erreicht ist.

Schön ist die Lage der Stadt zwischen ihrem Hausberg, der **Montaña de Arucas** (412 m) mit der fast perfekten Pyramidenform, und dem Berg **Cardones** (288 m). Neubausiedlungen umgeben den historischen Kern, der aber leicht auszumachen ist – schließlich ragt kein anderer Kirchturm der Insel höher in den Himmel als der von Arucas' Pfarrkirche San Juan Bautista (60 m). Sie ist Johannes dem Täufer geweiht und wird liebevoll ›Kathedrale‹ genannt – obwohl die Stadt kein Bischofssitz ist.

Der Aussichtsberg Montaña de Arucas beschert einen herrlichen Blick auf Arucas

TOP TIPP San Juan Bautista

Die Kirche San Juan Bautista (tgl. 9.30–12.30 und 16.30–18.30 Uhr; sonst in der Bar El Gótico gegenüber dem Westeingang fragen) liegt auf einer etwas schrägen Bergterrasse am nördlichen Rand der Altstadt und blickt auf die hübsche **Plaza San Juan**. Der gemütliche Platz ist umgeben von gepflegten, niedrigen Häusern in engen Gassen. Im Sommer beherrscht das Rot der beiden Afrikanischen Tulpenbäume die Plaza und bildet einen herrlichen Kontrast zum bläulichen Schwarz der neogotischen Kirche.

Sie entstand 1909–32, wurde aber bereits 1912 eingeweiht. Die Bauleitung hatte Manuel Vega March, ein Schüler des berühmten katalanischen Architekten Antonio Gaudí. Erst später, 1962–77, wurde der stolze Hauptturm errichtet. Finanziert hat die Pfarrkirche in der Hauptsache die Familie Gourié, ebenso wie den Stadtpark. Als Begründer der hiesigen Zuckerindustrie waren die Gouriés Ende des 19. Jh. schnell reich geworden.

Es war ein ehrgeiziges Projekt: Um eine so großartige Pfarrkirche errichten zu können, musste vorher das spätgotische Gotteshaus von 1515 abgerissen werden, das wiederum wohl auf eine kleine Kapelle von 1502 zurückging. Arucas' Bürger (knapp 37 000 und damit viertgrößte Gemeinde der Insel) sind sehr stolz auf den heutigen Bau. Seine *blauschwarzen Basaltsteine* wurden, wie auch die anderer wichtiger Gebäude, von heimischen Steinmetzen geschlagen. Noch 50 von ihnen haben ihre Werkstätten in der Gegend, einige in Arucas selbst, die meisten aber im nahen Visvique [s. S. 44]. Der Schlussstein wurde am 24. Juni 1977 auf die Kirchturmspitze gesetzt, am *Johannistag*, dem wichtigsten Festtag des Städtchens.

Drei Doppelportale zieren die dem Altstadtkern zugewandte Kirchenfassade. Das Innere beeindruckt vor allem durch die qualitätvollen **Glasmalereien**, komplett mit Widmung der Stifter. Schön bricht sich das Licht durch die bunten Glasfenster über den Portalen. Aus der alten Kirche stammt u. a. die *Johannes-Skulptur* (16. Jh.) in der Taufkapelle im linken Turm. Zu den wertvollsten Werken in San Juan Bautista zählen ein ›*Cristo Yacente*‹ (ruhender Christus) hinter dem

Nicht von ungefähr erinnert die Kathedrale von Arucas an die Architektur von Gaudí

Chor, eine eindringliche Holzskulptur des Bildhauers Manuel Ramos Gonzáles (1899–1971) aus Arucas, Bilder des kanarischen Malers Hernández de Quintana (1675–1725) sowie das Bildnis der *hl. Lucia* von Luján Pérez in der Herz-Jesu-Kapelle rechts vom Hauptaltar.

Altstadt

Einige besonders schöne Gebäude stehen in den kirchnahen Straßen **León y Castillo** und **Francisco Gourié**. Hübsch anzusehen ist der Kontrast zwischen den verputzten, weiß gekalkten Wänden und den Tür- und Fenstereinfassungen sowie den Giebeln und Sockeln aus dem graublauen Stein von Arucas. Viele Häuser tragen schmiedeeiserne Balkone und machen einen andalusischen Eindruck.

Die **Casa de la Cultura**, das Haus der Kultur, fand ihren Sitz im eher unscheinbaren Haus Nr. 3 der Calle Gourié. Hier sind *Archiv* und *Bibliothek* (Mo–Fr 9–13 und 16–21, Sa 10–13 Uhr) der Stadt untergebracht, weshalb man es während der Öffnungszeiten ohne Probleme besichtigen kann, um einen Eindruck von seiner Architektur zu bekommen. Es präsentiert sich in der typisch kanarischen Bauweise mit Holzbalkon und Innenhof (*Patio*). In dessen Mitte steht ein überaus prächtiger Drachenbaum.

Vom Kulturhaus geht es rechts um die Ecke zur **Plaza de la Constitución**, die vor einigen Jahren völlig umgebaut wurde: Das einst zentrale Doramas-Denkmal zur Erinnerung an den Kampf der Guanchen gegen die spanischen Eroberer wurde an den Stadtrand verbannt. Von der 1880–82 erbauten Markthalle blieb nur die Fassade, hinter der sich nun das **Centro Comercial El Mercado** befindet, u. a. mit einem modernen Einkaufszentrum, Tiefgarage etc. Komplett erhalten ist dagegen das 1875 von José A. López de Echegarreta erbaute und 1932 umgestaltete *Alte Rathaus*. Es besteht aus zwei Gebäuden, den **Casas Consistoriales**, die mit Azulejos in Weiß, Blau und Gelb ausgestattet sind.

Im gepflegten **Stadtpark** schräg gegenüber beherbergt die **Casa Gourié** (Anfang 19. Jh.), auch Casa del Mayorazgo (Majoratshaus) das Gemeindemuseum (Mo–Fr 10–18, Sa 10–15 Uhr).

Stadtauswärts Richtung Firgas erhebt sich vis-a-vis vom Stadtpark das besonders hübsche, turmgeschmückte **Heredad de Aguas**. Von dem 1908 errichteten Gebäude der Wasserdomäne verteilten einst die Wasseraktionäre jene kostbare Ressource, die aus den Tiefen der Basaltberge hierher geleitet wurde. Heutzutage wacht die Gemeinde über die Verteilung des Wassers.

Reich wurden die Bewohner von Arucas nicht nur durch ihre Steinmetze, sondern vor allem durch die Landwirtschaft, für die sie ausreichend Wasser benötigten. Schließlich besitzen sie mit **Las Vegas** eines der fruchtbarsten Gebiete der Kanaren überhaupt. Schon bald nach der Eroberung der Insel wurde hier Zuckerrohr angebaut und später reiften auf den Feldern Bananen. Dem Zuckerrohr jedoch verdankt der Ort, der erst 1894 zur Stadt erhoben wurde, seine erste Blütezeit. Aus dieser Ära erhalten ist die historische Rumfabrik **Destilerías Arehucas** (Tel. 928 62 49 00, www.arehucas.es, Führungen Juli–Sept. Mo–Fr 9–13.30, Okt.–Jan. Mo–Fr 9–14.30 Uhr) in der *Carretera a Bañaderos*, nur einen Steinwurf vom Heredad de Aguas entfernt. Nimmt man dort an der Gabelung die rechte, leicht abfallende Straße, stößt man bald darauf auf das Hinweisschild. Am 9. August 1884 wurde der Grundstein für diese Destillerie gelegt, die damals noch ›Fábrica de Azucarera y Destilerias de San Pedro‹ hieß, San Pedro nach der kleinen Kapelle aus dem Jahr 1724 auf ihrem Grundstück.

TOP TIPP

Montaña de Arucas

Hinweisschilder führen vom Kirchplatz durch schmale Gassen auf die *Montaña de Arucas*. Oben, in gut 400 m Höhe, hat man einen herrlichen Ausblick über den gesamten Norden Gran Canarias. Besonders an Wochenenden und Feiertagen ist der Kegelberg auch ein beliebtes Ausflugsziel der Einheimischen. Sie gehen in dem großen Restaurant dort essen oder versorgen sich an den Ständen ringsum mit Erfrischungen.

Jardín de la Marquesa

Unterhalb der Stadt, rechts an der Hauptstraße Richtung Bañaderos, befindet sich der Jardín de la Marquesa (www.jardindelamarquesa.com, Mo-Sa 9-13, 14–18 Uhr). Der auch *Jardín de los Hespérides* genannte, herrliche Privatgarten der Marquesa Rosario Massieu prunkt nicht nur mit exotischen Pflanzen aus aller Welt, sondern auch mit einem unglaublich großen Drachenbaum, dessen Alter auf immerhin 400–600 Jahre geschätzt wird.

La Hacienda del Buen Suceso

Nur 100 m hinter dem Jardín de la Marquesa führt links eine schmale Straße zum Landgut La Hacienda mit einer Villa im Kolonialstil. Sie wurde in ein Wellnesshotel (s.u.) umgewandelt. Wunderschön ist der Blick von der großen Terrasse im ersten Stock der Villa auf die dazugehörige Bananenplantage, aus der hohe Dattelpalmen und Drachenbäume herausragen. Auf der Rückfahrt nach Arucas sieht man auf einzelnen, mauergestützten Terrassen weitere ausgedehnte Bananenplantagen.

Bei den berühmten Steinmetzen von Arucas sitzt jeder Schlag auf den Meißel

Praktische Hinweise

Information

Información Turística, Calle Léon y Castillo 10, Arucas, Tel. 928 62 31 36, www.arucas.org, Mo–Fr 10–15, Sa 10–13 Uhr

Hotel **La Hacienda del Buen Suceso**, Crta. Arucas–Bañaderos km 1, Tel. 928 62 29 54, www.haciendabuensuceso.com. Romantisches Hotel in einer Hacienda von 1572. Mit großzügigem Wellnessbereich, Pool und Restaurant.

Restaurants

El Mesón de la Montaña, Montaña de Arucas, Tel. 928 60 14 75, www.mesonarucas.es. Großes Ausflugslokal auf dem Hausberg von Arucas, mit schönem Blick. Kanarische und spanische Küche, Spezialität: Rindfleisch in Mangosoße.

Mesón Canario, Avenida Pedro Morales Déniz 180/Carretera a Cardones, Arucas, Tel. 928 60 07 12 und 928 60 35 58. Preiswerteres Restaurant auf dem Weg nach Cardones mit typisch kanarischer (und internationaler) Küche (Mo–Fr 8–24, So bis 15 Uhr).

Tasca Jamón Jamón, Calle Gourié 5, Arucas, Tel. 928 60 34 97. Gemütliches kleines Lokal in der Fußgängerzone mit Schinkenspezialitäten.

3 Finca de Osorio

Friedliche Beschaulichkeit und eindrucksvolle Natur in den Parkanlagen eines alten Landsitzes.

In vielen Kehren, beschattet von Eukalyptus, dickbauchigen Zypressen und Zedern, führt die Nebenstraße GC-43 über die Steinmetze- und ›Schlafstadt‹ **Vis-**

Ru(h)mvolle Ehre: Berühmte Verkoster dürfen ein Fass signieren

Unschlagbares Feuerwasser

3,5 Mio. Liter Rum werden alljährlich in Arucas gebrannt. Die Krönung ist der zwölfjährige ›**Ron Añejo**‹ (gealterter Rum), der zu den edelsten Tropfen gehört und es durchaus mit einem Cognac oder Brandy aufnehmen kann. Ein Teil des Zuckerrohrs wird in einer destillerieeigenen Plantage angebaut, doch ihr Ertrag reicht inzwischen bei weitem nicht mehr: Nur 300 000 kg Zuckerrohr im Jahr kommen von hier, aber 2 Mio. kg braucht die Fabrik insgesamt. Den größten Teil erhält sie aus Südafrika, weil dieser Rohrzucker dem kanarischen am ähnlichsten schmeckt. Er wird bereits als Destillat mit sage und schreibe 95,5 % Alkohol importiert.

Lohnend ist eine Fabrikbesichtigung der *Destilerías Arehucas* [s. S. 43] und ihrer 6000 Eichenfässer, in denen 2 Mio. Liter **Aguardiente** mit 60–70 % Alkohol lagern. Dieses ›Feuerwasser‹ ist die Grundsubstanz für die verschiedenen Rumsorten. Interessant sind vor allem die Fässer der **Bodega Nr. 1**, auf denen sich berühmte Besucher der Fabrik verewigt haben, u. a. der frühere deutsche Bundeskanzler und Friedensnobelpreisträger Willy Brandt und der lanzarotische Künstler César Manrique, der grancanarische Tenor Alfredo Kraus, der Sänger Placido Domingo sowie – noch als Kronprinz – der spätere spanische König Juan Carlos mit seiner Frau Sofia.

Kleine Rum-Kunde:

Ron Añejo Arehucas ist eine spezielle ›Reserva‹ mit 40 %, mindestens zwölf Jahre gelagert;

Aguardiente de Caña ist eine einmalige Produktion aus dem Jahre 1988 mit nummerierten Flaschen; 45 %; wird als besondere Kostbarkeit gehandelt;

Club 7 ist ein dunkler, mindestens sieben Jahre alter Rum mit 40 %, der **Blanco** kommt ›nur‹ auf 37,5 %;

Ron Miel ist ein zuckersüßer Likör mit 24 %, ein mit Honig vermischter Zuckerrohr-Rum, bei den Canarios sehr beliebt.

Die Finca de Osorio, einst Landsitz grancanarischer Adeliger, ist heute ein Landschulheim

vique mit teilweise recht schönen Neubauten hinauf zur Streusiedlung **Los Portales**. Von hier genießt man einen schönen Blick zurück auf die Pfarrkirche von Arucas [Nr. 2].

In **Los Castillos** hat man zwei Möglichkeiten: Nach 7 km erreicht man eine Kreuzung. Von hier führt eine Straße über **El Palmar** abwärts in ein schönes Tal. Bleibt man oben, erreicht man kurz hinter dem Ende der Streusiedlung rechts die Einfahrt zur **Finca de Osorio** (Tel. 928 63 00 90, www.teror.es, tgl. 9–17 Uhr). Den Wagen lässt man vor dem schmiedeeisernen Tor stehen und erkundet dann das weitläufige Gelände des Landgutes (207 ha) zu Fuß. Hier konnte sich aufgrund geringer landwirtschaftlicher Nutzung über Jahrhunderte hinweg eine einzigartige Pflanzen- und Tierwelt erhalten. So wandert der Besucher im Schatten uralter Kastanien, Eichen, Pinien, Kamelien und Magnolien. Mit etwas Glück kann man in den Baumkronen seltene Vögel wie Uhus, Adler und Kanarienvögel entdecken. Auch Spitzmäuse und Igel sind auf dem Gelände, das Teil des Naturschutzgebietes **Parque Rural de Doramas** ist, heimisch.

Seit 1981 verwaltet die Inselregierung das Gut mit seinen herrlichen Parkanlagen und schönen Gebäuden im kanarischen Stil. Im ehrwürdigen Herrenhaus, in dem einst grancanarische Adelsfamilien residierten, ist heute das Landschulheim *Aula de la Naturaleza de Osorio* untergebracht. Schulklassen aber auch angemeldete Privatpersonen können hier während ihres Aufenthaltes an umweltpädagogischen Programmen teilnehmen und auf den zahlreichen Wanderwegen auf naturkundliche Entdeckungstour gehen.

Zurück auf der GC-43 taucht kurz hinter der Finca de Osorio rechts die große Klosteranlage *Las Dominicas* aus schwarzem Lavastein auf. Die Nonnen dieses Ordens leben in strenger Klausur.

i Praktische Hinweise

Restaurant

Tasca Cuchara Tenedor, Calle Visvique 93, Visvique, Tel. 928 62 45 91. Fantasievolle Küche, das gepökelte Schweinefleisch und der Tintenfisch sind eine Wucht.

4 Teror

Wunderschöner Wallfahrtsort und religiöser Mittelpunkt der Insel.

Kein Wunder, dass Teror als eines der schönsten Städtchen der Insel gilt. Die Lage in 600 m Höhe ist herrlich und das Klima trocken und luftig.

Gut zu wissen: Sonntags findet auf dem großen Platz hinter der Pfarrkirche ein gut besuchter Markt statt. Er gehört zu den vielfältigsten und größten der ganzen Insel. Parkplätze sind dann rar.

Zum Glück gibt es aber neuerdings eine Tiefgarage unter dem Kirchhof.

Wunderschön erhalten und gepflegt sind die niedrigen Häuser aus rötlichgelbem Basalt mit Balkonen, hübsch ist das Auf und Ab der Gassen in Hanglage. Im historischen Zentrum müssen neue Häuser den Vorgaben von Denkmalpflegern und Gemeindeverwaltung folgen. Sie sollen dem traditionellen Baustil entsprechen, zu dem auch die schmucken Holzbalkone gehören. Ferner ist es verboten, alte Fassaden abzureißen. Dahinter darf es aber modern sein.

TOP TIPP Rosafarbene Schilder weisen den Weg zur Wallfahrtskirche **Nuestra Señora del Pino** (Mo 13–20.30, Di–Fr 9–13, 15.30–20.30, Sa 9–20.30, So 7.30–19.30 Uhr), die auf einer breiten Terrasse steht. Auch wenn die Kirche durchgehend geöffnet ist, ist der Aufgang zur Madonna in der Mittagszeit nur durch einen rückwärtigen Eingang möglich. So kann man der 1,05 m hohen **Skulptur** der ›Virgen del Pino‹ in ihrem Tabernakel aus purem Silber ins Antlitz schauen, das für die Gläubigen deutlich eine lächelnde und eine trauernde Seite zeigt. Vom Hauptraum der dreischiffigen Basilika aus sind eigentlich nur die prachtvollen Gewänder Marias zu erkennen. Davon besitzt sie in ihrem ›**Ankleideraum**‹ voller Votivgaben eine kostbare Sammlung. Es sind allesamt Geschenke der Inselbewohner. Der größte Schatz der Jungfrau, die als die zweitreichste Spaniens galt, waren ihre Juwelen, die aber 1975 bei einem spektakulären Kunstraub entwendet wurden – und das, obwohl bei einer Restaurierung der Kirche 1970 neue Sicherheitsmaßnahmen getroffen worden waren. Weitere Sehenswürdigkeiten der Kirche sind ihre schönen Glasmalereien. Besonders feierlich ist die Atmosphäre, wenn Orgelmusik (vom Band) ertönt.

Gegenüber dem rückwärtigen Kircheneingang steht der lang gestreckte, einstöckige **Sommersitz des Bischofs** (früher seine Hauptresidenz, heute zur Hälfte Städtische Bibliothek), daneben befindet sich das hübsche Rathaus über einem früheren Stall.

Auf keinen Fall sollte man sich die **Casa Museo de los Patronos de la Virgen del Pino** (MSo–Fr 11–16 Uhr) unweit des Kirchplatzes entgehen lassen. Das Museum ist im einstigen luxuriösen Sommerhaus (17. Jh.) der reichen Adelsfamilie Manrique de Lara untergebracht. Die Familie hat seit Generationen das Patronat für die Jungfrau von Teror inne, ein ganz besonderes Privileg. In der Casa lernt man vor allem die Wohn- und Alltagskultur der wohlhabenden Canarios kennen. Im Innenhof an der höher gelegenen Gasse z. B. stehen neben dem früheren Pferdestall einige Karossen, von denen König Alfonso XIII. eine im Jahr 1906 bei seiner Fahrt über die Insel benutzte, sowie ein Automobil-Oldtimer ›Triumph‹ von 1951.

Das Haus ist mit zahlreichen Sälen und Schlafräumen um balkonbestandene Innenhöfe großzügig angelegt und besitzt eine reiche Sammlung von Gemälden,

Würdiger Rahmen für die verehrte Marienstatue von Teror: Nuestra Señora del Pino

Fotografien und Porzellan. Im Erdgeschoss ist ein Raum dem niederschlesischen Maler Georg Hedrich (1927–2010) gewidmet, der seit 1957 auf Gran Canaria lebte. Er wird oft ›Maler der Kanaren‹ genannt und hatte ganz in der Nähe sein Atelier. Besonders schön sind seine Landschaftsaquarelle.

Auf der gegenüberliegenden Seite des Kirchplatzes öffnet sich rechts die kleine **Plaza Teresa de Bolívar**. Auf die aus Teror stammende Teresa de Bolívar sind die Bewohner des Städtchens besonders stolz, denn sie wurde 1802 die Gattin des berühmten südamerikanischen Freiheitskämpfers Simón Bolívar (1783–1830). Dieser führte die Unabhängigkeitsbewegung gegen die spanischen Kolonialherren in Venezuela, Kolumbien, Panama, Ecuador, Peru und Bolivien an.

Auch durch sein erfrischendes Mineralwasser hat Teror sich einen Namen gemacht. Es heißt *Fonte Agria*, ›saurer Brunnen‹, und ist nach dem Wasser von Firgas [Nr. 9] das meistgetrunkene der Insel.

i Praktische Hinweise

Information

Información Turística, Calle de la Huerta 1, Teror, Tel. 928 61 38 08, www.teror.es

Einkaufen

Sonntagsmarkt, Plaza Nuestra Señora del Pino, Teror, So 8–15 Uhr. Neben landwirtschaftlichen Erzeugnissen gibt es typisches Kunsthandwerk.

Die Plaza Teresa de Bolívar in Teror ehrt die bekannteste Tochter der Stadt

Restaurants

Rund um den Platz vor der Basilika gibt es mehrere Lokale.

Bar Diego, Calle Real de la Plaza 13, Teror, Tel. 928 63 00 83. Treffpunkt der Dorfbewohner, kleine Gerichte.

Großbürgers Wohnstil in der Casa Museo de los Patronos de la Virgen del Pino

Viel geliebt, heiß verehrt und reich beschenkt – die wundertätige ›Virgen del Pino‹ von Teror

Nuestra Señora del Pino

Am 7. und 8. September jeden Jahres steht Teror Kopf: Dann wird die ›Nuestra Señora del Pino‹ mit einer groß angelegten **Wallfahrt** und zahlreichen anderen Veranstaltungen gefeiert.

Der Überlieferung nach geschah am 8. September 1481 Folgendes: Die meisten Siedlungen waren bereits in spanischer Hand und zum Christentum bekehrt, doch die Leute von **Terori** – wie die Einwohner ihre Stadt nach einem ihrer Fürsten nannten – waren noch ungläubig. Da erschien unter einer Pinie die leibhaftige Muttergottes mit dem schlafenden Jesuskind im Arm und ließ den Widerstand schwinden. Die Hirten zogen nun freiwillig nach Las Palmas, um sich taufen zu lassen.

Nachdem das **Wunder** vom Bischof anerkannt worden war, bauten die Bewohner von Teror im ausgehenden 15. Jh. eine kleine Kapelle, die Ende des 17. Jh. durch eine Kirche ersetzt wurde. Von dieser wiederum blieben nach einem Brand nur der hohe, oktogonale Turm und die Taufkapelle übrig. So zeigt sich die wieder aufgebaute **Wallfahrtskirche** heute im klassizistischen Stil von 1760–67. Nur die Westfassade wurde 1811 von Luján Pérez verändert.

Der Ursprung der **Marienstatue** selbst ist unklar. Allerdings wird vermutet, Jorge Fernández habe sie Ende des 15. Jh. geschaffen. Die namengebende **Pinie**, nach der die heute verehrte Statue benannt wurde, stand einst bei der Kirche. Sie soll einem Sturm zum Opfer gefallen sein. Man pflanzte daraufhin zwei neue Pinien sowie einen inzwischen riesigen Indischen Lorbeerbaum auf dem Vorplatz.

1929 erhob König Alfonso XIII. die Jungfrau von Teror zum **Capitan General**. Das spanische Militär begrüßt sie seitdem jedes Jahr am 8. September zu den Klängen von Marschmusik mit einem feierlichen Salut. Übrigens ist die ›Jungfrau der Pinie‹ von Teror auch die Schutzpatronin der gesamten Kanarischen Inseln.

Cafeteria La Plaza, Plaza Nuestra Señora del Pino 1, Tel. 928 61 38 44. Café und Kleinigkeiten wie Eintopf sowie frisch zubereitete Sandwiches (Mo geschl.).

La Villa, Plaza Nuestra Señora del Pino 7, Teror, Tel. 928 63 26 33. Schönes kleines Cafè mit Tapas.

5 Vega de San Mateo

Der große Markt und die hübsche Kirche sind interessante Ausflugsziele.

Die GC-42 von Teror [Nr. 4] nach Vega de San Mateo bildet, wie viele eukalyptusgesäumte Straßen des Nordens, eine schöne Strecke durch fruchtbares Gebiet mit intensiver Landwirtschaft in Mischkultur (Obst und Gemüse). Die flachen Terrassen des **Barranco de la Mina** zur Linken zeigen sogar im Hochsommer sattes Grün, handelt es sich doch um eines der wasserreichsten Gebiete mit auffällig dicht belaubten Waldstücken. Die Erde ist hier rot und tiefbraun, ein guter, mineralienreicher Boden. Esskastanien gedeihen prächtig, Kanaren-Ampfer in sattgrünen Büschen, Farn, Pfeffer- und Walnussbäume, dichte Brombeerhecken säumen die Straße, dann wieder wilder Fenchel und Feigenkakteen. Ein paar Höhlenwohnungen sind an einem Hang rechts zu erkennen. Linker Hand blickt der Reisende auf die kleine, kreuzförmig angelegte **Ermita del Corazón** mit ihrem offenen Glockenstuhl.

Von überall her kommen die Grancanarios zum Einkauf hinauf ins 836 m hoch gelegene Vega de San Mateo. *Vega* bedeutet große Finca, also ausgedehnter Landbesitz – und wirklich lebt der Ort bis heute von den Erträgen seiner intensiven Landwirtschaft. Dies spiegelt sich auch im größten **Obst- und Gemüsemarkt** (Sa 8–20, So 8–15 Uhr) der Insel wider. Außerdem werden hier typische Produkte des heimischen Kunsthandwerks wie Binsenkörbe, kanarische Messer mit schön verzierten Griffen, Lederarbeiten und Holzschnitzereien angeboten.

Einen Besuch wert ist auch die **Iglesia Parroquial de la Vega de San Mateo**. Die beiden Schiffe der Pfarrkirche wurden 1800 und 1895 erbaut, die Entwürfe für den zentralen Glockenturm stammen von Luján Pérez. Die Glocke selbst ist ein Geschenk von ehemaligen Einwohnern der Stadt, die nach Kuba ausgewandert waren und die Glocke in Erinnerung an die alte Heimat über den Atlantik schickten.

i Praktische Hinweise

Information

Información Turística, Calle Dr. Ramírez Cabrera 9, Vega de San Mateo, Tel. 928 66 13 50, www.vegadesanmateo.es

Hotel

Las Calas, La Lechuza 38, 5 km von San Mateo, Tel. 928 66 14 36, www.hotelrural lascalas.com. Zauberhaftes und sehr ruhiges Landhotel in historischen Mauern mit Pool und Restaurant für Hausgäste.

Der Wochenmarkt von Vega de San Mateo ist beliebter Tummelplatz für Jung und Alt

6 Santa Brígida

Hübsches Gartenstädtchen mit der berühmtesten Hotelfachschule der Insel.

Mit schönen Ausblicken, u.a. auf den 850 m hohen Berg **Bodeguilla**, schlängelt sich die GC-15 in Richtung Santa Brígida (426–509 m) abwärts.

Wegen seines guten Klimas bevorzugten im 19. Jh. schon die Engländer den Ort, der mit seinen in Gärten und Parks stehenden Villen zu den beliebten Wohngebieten nahe Las Palmas gehört. Hier wird auch etwas Weinanbau betrieben. Um die ganze Vielfalt der hervorragenden Tropfen Gran Canarias kennen zu lernen, lohnt ein Besuch der **Casa del Vino** (Finca El Galeón, Santa Brígida, Tel. 928 64 42 72, Mo–Fr 10–15 Uhr). In dem schön restaurierten historischen Gebäude des Weinhauses kann man die edlen Rebensäfte der Insel verkosten, kaufen und sich über Geschichte und Anbaugebiete der grancanarischen Weine informieren. Angegliedert ist hinter der einladenden kleinen *Markthalle* (Sa 8–20, So 8–14 Uhr) der **Parque Agricola del Guiniguada**, ein großartiger kanarischer Garten mit Nutzpflanzen, Haustieren und einer Kunsthandwerksausstellung.

Im Vorort Monte Lentiscal befindet sich die Hotel Escuela Santa Brígida, eine **Hotelfachschule** (s. u.), die inselweit den besten Ruf genießt.

2 km hinter Santa Brígida Richtung Las Palmas zweigt man rechts Richtung Telde ab. In **La Atalaya** wurden einige der alten Höhlenwohnungen saniert. Es lohnt sich, den Wagen abzustellen, um dem Auf und Ab der Fußgängern vorbehaltenen Gassen am Hang zu folgen. Von den einst berühmten Töpfern des Dorfes blieb leider nur einer übrig, der die Tradition bewahrt.

i Praktische Hinweise

Hotel

TOP TIPP ****Hotel Escuela Santa Brígida, Calle Real de Coello 2, Santa Brígida, Tel. 928 47 84 00, www.hecansa.com. Großartiges Ambiente mit Mobiliar in spanischem und britischem Stil in den Aufenthaltsräumen und im Veranda-Restaurant, die Zimmer sind geschmackvoll modern. Der Pool im blühenden Garten liegt auf halber Höhe

über der Straße. Angeschlossen ist eine exklusive Hotelfachschule, die ihre Schüler auf gehobene Positionen im Hotel- und Gastronomiegewerbe vorbereitet. Entsprechend vorzüglich ist der Service.

7 Caldera de Bandama

Vulkankrater mit weitem Blick ins Umland und schaurig-schönem Abgrund.

Das eindrucksvolle Kraterrund der **Caldera de Bandama** besitzt einen Durchmesser von rund 1 km und erhebt sich 200 m über dem schwarzen Grund des Vulkanschlundes. Einen grandiosen Blick über die Caldera bietet der unmittelbar benachbart aufragende Gipfel des **Pico de Bandama** (569 m), zu dem eine Serpentinenstraße hinaufführt. Sie lässt sich bequem ansteuern über eine in *Monte Lentiscal* (ca. 2,5 km hinter Santa Brígida Richtung Las Palmas) oder auch über die schmale, aber gut ausgebaute Straße von *La Atalaya*. Vom **Mirador Pico de Bandama** sind in den Hängen der Caldera noch Umrisse von Terrassenfeldern und ein einsam stehendes Bauernhaus zu erkennen. Sie erinnern an den niederländischen Kaufmann Daniel Van Damme, der die fruchtbare Erde im 16. Jh. zum Weinanbau nutzte.

Größere Öffnungen etwas weiter oben in den Kraterwänden sind Teil der **Cuevas de Bandama** (nicht zu besichtigen), prähistorischer Wohnhöhlen der Guanchen, die mit ihren in den Fels geschlagenen Treppen, Kammern, Fenstern und Gängen eine Besonderheit darstellen.

Südlich des Pico de Bandama befindet sich die weitläufige Anlage des ältesten Golfklubs Spaniens, des **Real Club de Golf de Las Palmas** (Tel. 928 35 01 04, www.realclubdegolfdelaspalmas.com). Dieser wurde bereits 1891 von den Mitgliedern der britischen Gemeinde von Las Palmas gegründet und befand sich zunächst in der Gegend des Lomo del Polvo. 1956 wurde der Klub auf das leicht hügelige Gelände der Caldera de Bandama verlegt. Zu dem abwechslungsreichen 18-Loch Platz gehören auch zwei Tennisplätze, ein Reitplatz und ein erstklassiges Golfhotel (s.u.).

i Praktische Hinweise

Hotel

VIK Hotel Bandama golf, Lugar Campo de Golf 2, Santa Brígida, Tel. 928 35 15 38, www.vikhotels.com. Freundlich ausgestattete Zimmer in einem angenehmen Hotel, das ganz auf die Bedürfnisse seiner meist Golf spielenden Gäste eingerichtet ist.

Mit hinreißendem Grün und Calderablick lockt der Real Club de Golf de Las Palmas

8 Tafira

Tafira Alta und Tafira Baja gelten als vornehme Vororte von Las Palmas.

Auf der Nordseite des Bandama beginnt bereits **Tafira Alta**, wie Santa Brígida inzwischen ein Nobel-Vorort von Las Palmas de Gran Canaria. Eine Schnellstraße verbindet heute die nur 7 km entfernte Inselhauptstadt Las Palmas mit Tafira Baja und Tafira Alta. Links der alten Hauptstraße (nicht die Schnellstraße!) liegt der obere Eingang des **Jardín Canario** (www.jardincanario.org, tgl. 9–18 Uhr). Der großartige Botanische Garten erstreckt sich bis weit in den fruchtbaren *Barranco de Guiniguada* hinab (unterer Eingang). Interessant ist vor allem die Kakteensammlung der weitläufigen, 1952 geschaffenen Anlage.

TOP TIPP

Weiter abwärts folgt **Tafira Baja**, ein Vorort mit Residenzen von Gutsituierten. Es sind aber diejenigen, die sich Santa Brígida nicht leisten können – sagt man auf der Insel. Wie dem auch sei, jedenfalls stehen entlang der gesamten Strecke zwischen Santa Brígida [Nr. 6] und Las Palmas [Nr. 1] zahlreiche hübsche Villen inmitten üppiger Gärten.

Der Nordwesten – zauberhafte Bergwelt

Noch ursprünglicher als der Nordosten ist der Nordwesten der Insel zwischen Firgas und San Nicolás de Tolentino, Puerto Sardina del Norte und dem Barranco del Laurel.

Hohe **Berge** prägen das Landesinnere, das meist nur über kurvige Sträßchen oder zu Fuß erkundet werden kann. Der Küstenstreifen zwischen Las Palmas und **Puerto de las Nieves** ist jedoch durch die vierspurige Schnellstraße GC-2 gut erschlossen. Im gesamten Nordwesten finden sich interessante altkanarische Stätten und traditionsreiche Städtchen, umgeben von scheinbar unberührter Natur. **Firgas** ist durch seine Mineralquellen zu Wohlstand gekommen, im beschaulichen **Moya** finden sich noch Reste eines Lorbeerwaldes, der früher große Teile des Inselnordens bedeckte. **Santa María de Guía** ist berühmt für seinen Blumenkäse und die Prozession an Mariä Himmelfahrt. In der Nähe befindet sich eine der interessanten Kultstätten der Altkanarier, **Cenobio de Valerón**. Hinter **Gáldar** mit seiner **Cueva Pintada**, dem Paradebeispiel des Höhlenkultes auf Gran Canaria, erreicht man den Fischerort **Puerto Sardina** ganz im Nordwesten der Insel. **Agaete** ist ein sehr hübsches Städtchen zwischen seinem aufstrebenden Hafen **Puerto de las Nieves** mit bedeutender Wallfahrtskapelle und seinen fruchtbaren Feldern im **Barranco de Agaete**, der am 1082 m hohen Gordo ausläuft.

9 Firgas

Dem Städtchen begegnet man überall auf der Insel – in Form seines guten Mineralwassers ›Aguas de Firgas‹.

Von Las Palmas kommend, fährt man über die GC-2 direkt nach Firgas oder nimmt von Arucas [Nr. 2] aus die sehr schöne, kurvenreiche alte Landstraße. In beiden Fällen sind es von der jeweiligen Abzweigung rund 8 km in das 500 m hoch gelegene Firgas.

Berühmt ist die kleine Stadt (rund 7600 Einw.) für ihr Mineralwasser, das ›Aguas de Firgas‹, das auf dem gesamten kanarischen Archipel verkauft wird. Blickfang des Ortes ist die Kirche **San Roque** mit offenem Glockenstuhl (1914), die 1835 auf einer großen Terrasse in Hanglage errichtet wurde und über der Hauptstraße zu schweben scheint. Sie wird gerahmt von typisch kanarischen, balkongeschmückten Häusern.

Das **Rathaus** am Kopfende des Kirchplatzes ist ein hübscher Bau mit Bogen-

Munter plätschert Firgas' Reichtum zwischen Azulejo-Bänken die Kaskaden hinab

zier. An seiner Fassade prangen rechts das Wappen von Las Palmas de Gran Canaria, links das mit den drei zur Provinz gehörenden Inseln und über der Balkontür im ersten Stock das Wappen von Firgas. Rechts öffnet sich eine große Terrasse mit Meerblick, kleinem Kiosk und Freiluftcafé. Genau gegenüber steht das 1872 erbaute ehem. *Hotel Azuae*, das einst die Kurgäste der nahen, gleichnamigen Thermalquelle beherbergte. Heute dient das Gebäude als multifunktionales **Kulturzentrum** (Mo–Fr 9–14 Uhr). Es beherbergt u. a. das Archiv sowie Ausstellungsräume, in denen vor allem einheimische Künstler einen würdigen Rahmen finden. Ganz modern mit knallig blauer Bestuhlung präsentiert sich im früheren Innenhof das lichtdurchflutete Auditorium.

Gleichzeitig hat Firgas auch für Fremde an Attraktivität gewonnen: durch die hübschen **Kaskaden**, die – der Wasserreichtum macht's möglich – zwischen Kirche und Kulturzentrum einer stilisierten Quelle entspringen. Das klare Nass ergießt sich in einen Krug und fällt daraus bis zur Straße vor dem großen Rondell hinab. Gerahmt wird das Wasserspiel von *Azulejo*-Bänken mit Bildern und Wappen der 21 Gemeinden und des *Cabildo Insular* von Gran Canaria. Oberhalb davon wurde der Lehrpfad **Paseo de Gran Canaria** angelegt, u. a. mit Reliefkarten sämtlicher Kanarischen Inseln.

An der Landstraße von Firgas nach Valleseco ist die schön restaurierte, älteste Gofio-Mühle der Kanaren, die **Molino del Conde** (Mo, Mi–Fr 11–15 und 17–19, Sa/So 11–15 Uhr) aus dem 16. Jh., einen Besuch wert. Hier kann man beim Rösten und Mahlen des Getreides zusehen und im dazugehörigen Laden die Inselspezialität Gofio, aber auch typisches örtliches Kunsthandwerk erwerben.

In besonders festlichem Schmuck zeigt sich der hübsch herausgeputzte Ort Firgas zu den Feierlichkeiten von Mariä Himmelfahrt am **15. August**, der zugleich auch Termin des Patronatsfests für den hl. Rochus ist. Religiöser Höhepunkt ist eine *Romeria* (Wallfahrt), anschließend geht es bei der *Verbena* (Tanzfest) inklusive Feuerwerk um Mitternacht fröhlich, laut und farbenprächtig zu – bis in den 16. August hinein.

Barranco de Azuaje

Ein reizvolles Naturerlebnis bietet die Fahrt von Firgas auf den schmalen, eukalyptusgesäumten Serpentinen der alten

GC-350 Richtung Moya. Die Strecke quert das tief eingeschnittene Tal des Barranco de Azuaje (auch *Suage)*, das sich über eine Fläche von 61 ha nordwärts erstreckt und als Teil des *Parque Rural de Doramas* unter Schutz steht. Einen guten Ausgangspunkt für eine kurze **Wanderung** zwischen saftig-grünen Bananenplantagen und Zypressengraswäldern durch das Tal bietet die einbogige Brücke, die am Wendepunkt der Straße Richtung Norden den Barranco überspannt.

i Praktische Hinweise

Information

Información Turística, Calle El Molino 12, Firgas, Tel. 928 616 747, www.firgas.es

10 Moya

Geburtsort des Dichters Tomás Morales und der lecker-süßen Bizcochos.

Moya ist ein grünes, beschauliches Städtchen in 500 m Höhe mit 8100 Einwohnern. Die erst in den 1940er-Jahren erbaute neo-

Das Mineralwasser von Firgas

Seit 1930 besteht die Mineralwasserfabrik von Firgas, die mehr als 170 Mitarbeiter beschäftigt. 13 Quellen besitzt die Firma, aber nur drei davon werden zurzeit genutzt. Genug Reserve ist also vorhanden, was bei einer so wasserarmen Insel wie Gran Canaria doch außerordentlich beruhigend ist.

Das Regenwasser sickert zu etwa 30 Prozent ins vulkanische, poröse Gestein. Nach sieben bis neun Monaten stößt es auf härtere, undurchlässige Schichten und verbleibt in den vorhandenen natürlichen **Kammern**, bis es abgezapft wird. Die Kohlensäure erhält es auf natürliche Weise durch das poröse Vulkangestein (2–2,5 g je 1 Liter Wasser).

Das schmackhafte Wasser von Firgas wird zur Hälfte auf Gran Canaria selbst getrunken, der Rest auf den anderen Kanarischen Inseln verkauft. Immerhin werden jährlich 100 Mio. Liter abgefüllt, aus drei verschiedenen Brunnen für je eine Marke: **La Ideal I** ohne Kohlensäure, **La Ideal II** mit Kohlensäure und **Aqua potable preparada**, ein mit Salzen aufbereitetes, weiches, fast mineralloses Wasser, das sich zum Kochen und für die Kaffeezubereitung besonders gut eignet. Auch diverse Erfrischungsgetränke werden mit Firgas-Wasser zubereitet.

Die Quellen von Firgas versorgen die Kanaren mit sprudelndem Nass

romanische **Pfarrkirche El Pilar** mit ihren beiden markanten Türmen ist schon von Weitem zu sehen, steht sie doch in bester Panoramalage auf dem weit in den *Barranco de Moya* hineinragenden Hügelrücken. Ihr höchstes Fest feiern die Bewohner von Moya am 2. Februar, wenn sie ihre ›**Virgen de la Candelaria**‹, die Jungfrau von Candelaria, ehren, der die Pfarrkirche geweiht ist. Ein Nachfahre der spanischen Eroberer Teneriffas brachte die Statue im 16. Jh. von dort mit. Genau genommen sind nur noch Gesicht und Hände im Original erhalten. Ursprünglich wurde sie auf der ganzen Insel so verehrt, dass sie zur Patronin Gran Canarias avancieren sollte – doch schließlich bekam die ›Jungfrau der Pinie‹ aus Teror [Nr. 4] den ›Zuschlag‹. Weitere Schätze der Kirche sind zwei gefühlvolle Werke des Bildhauers Luján Pérez, eine ›Madonna mit Kind‹ und ›Judas‹, aus dem späten 18. Jh.

Vom Hauptportal schaut man rechts auf die **Casa Museo Tomás Morales** (www.tomasmorales.com, tgl. 10–20 Uhr). In diesem Haus verbrachte der Arzt, Dichter und Politiker Morales (1884–1921) seine Kindheit. Später praktizierte er in Agaete [Nr. 16], wo er 1920 auch den Gedichtzyklus ›Rosen des Herkules‹ schrieb.

Auf lichter Höhe thront El Pilar, die markante Pfarrkirche von Moya

Sein Thema war, wie bei vielen Grancanarios, der Atlantik.

Hinter dem Museum steigt die Calle Léon y Castillo leicht bergan. Auf ihrer linken Seite (Nr. 5) erhebt sich die hübsche Wasserbörse **Heredad de Agua Moya**, deren Eingangsloggia mit Doppelsäulchen geschmückt ist.

Auf der Weiterfahrt nach Santa María de Guía [Nr. 12] erreicht man 2 km hinter Moya eine Straßenbucht für einen **Aussichtspunkt**, den man anfahren sollte. Herrlich ist der Blick über die tiefe Schlucht von Moya zurück auf das Städtchen mit der von weitem besonders hübschen Kirche. Am Straßenrand stehen zerzauste breite Zypressen und vor allem Reste der ursprünglichen kanarischen Fayal-Brezal-Vegetation mit Lorbeer und mannshoher Erika.

i Praktische Hinweise

Information

Oficina de Información y Turismo, Calle Juan Delgado (Parque Pico Lomito) 6, Moya, Tel. 928 61 23 48, www.villademoya.es

Süße Verlockungen

Drei Plätzchenarten sind Moyas Spezialitäten, die streng nach alten Rezepten hergestellt werden:

Bizcochos: aus Zucker, Eiern und Mehl zu gleichen Teilen geformte, längliche Biskuitteig-Plätzchen, im Holzofen gebacken.

Suspiros: locker und leicht, angeblich aus genau 72,53 Prozent Zucker und 27,47 Prozent Eierschaum.

Roscos (auch Rosquidas): runde Kringel aus Weizen, pflanzlichen Fetten, Zucker, Zitrone, Anis und Hefe.

Einkaufen

Bar Falcundo, an der Durchgangsstraße gegenüber der Calle León y Castillo, Moya. In der *Tienda* (Laden) kann man die typischen süßen Ortsspezialitäten kaufen. Die Besitzer sind So vormittags auch auf dem *Mercadillo*, dem Wochenmarkt, mit einem Stand vertreten.

11 Barranco de Los Tilos und Barranco del Laurel

TOP TIPP

Einer Reise in die Vergangenheit kommt der Abstecher zu den Überbleibseln der Lorbeerwälder gleich, die einst die ganze Insel bedeckten.

Südlich von Moya erstrecken sich die beiden aufeinanderfolgenden Schluchten des Barranco de Los Tilos und des Barranco del Laurel. Sie bewahren größere Flächen des ursprünglichen dichten Lorbeerwaldes, der einst den Norden der Insel bedeckte.

Zwei Lehrpfade und das Naturschutzzentrum *Casa de los Tilos* (unregelmäßig geöffnet) erschließen den zum Parque Rural de Doramas zählenden **Barranco de Los Tilos** mit seinen bis zu 20 m aufragenden Bäumen. Den auch von Touristenbussen frequentierten Parkplatz erreicht man über eine Stichstraße, die in einer scharfen Kurve etwa 2,5 km hinter Moya von der Straße Richtung Santa María de Guía [Nr. 12] abzweigt.

Als Dickicht faszinierender Vegetation aus Lorbeerbäumen, Beerensträuchern, Farnen, Mispeln und Kakteen zeigt sich auch der **Barranco del Laurel.** Man kann ihn bequem auf einer schmalen Straße, die rund 8 km südlich von Los Tilos von der GC-70 ostwärts abzweigt, per Auto oder auf Wanderpfaden zu Fuß erkunden.

12 Santa María de Guía de Gran Canaria

Stadt des inseltypischen ›Blumenkäses‹ und der handgeschmiedeten, kunstvoll mit Einlegearbeiten geschmückten Messer.

Wer Santa María de Guía von Moya aus ansteuert, dem bietet sich auf der GC-150 Richtung Nordwesten ein besonderes Landschaftserlebnis: Die Straße führt am Naturschutzgebiet **Los Tilos** vorbei und in sehr scharfen Kehren mit herrlichen Ausblicken in tiefe *Barrancos* bis ans Meer. Rechts taucht der kegelförmige **Pico de Gáldar** (434 m) auf, den die Leute von Guía lieber *Pico de Guía* nennen. Nach weiteren 16 km Fahrt stößt man auf die Küstenschnellstraße und erreicht

Aromatische Spezialität: Blumenkäse aus Santa María de Guía de Gran Canaria

Wie ein Volksfest gestaltet sich der Zug der Santa María durch die Straßen von Guía

bald darauf das Städtchen Santa María de Guía de Gran Canaria.

Guía, wie es auch kurz genannt wird, breitet sich auf einem nur 186 m hohen Hügel südlich der Durchgangsstraße aus: ein enges Gewirr von Gassen und Plätzen in malerischer Hanglage. Guía war im 16. Jh. als Vorort der Königsstadt Gáldar entstanden. Herzstück des quirligen Landstädtchens mit ca. 14 200 Einwohnern ist der **Kirchplatz**. Er wird von schmalen Gassen mit farbenfrohen kanarischen Häusern umgeben, darunter die ländliche *Casa Quintana* (16. Jh.) mit kleinem überdachtem Balkon.

Stolz sind die Einheimischen auf die reiche Ausstattung ihrer klassizistisch geprägten, geradezu wohnlich wirkenden Kirche **La Asunción**. Ihre schönen Holzdecken sind im *Mudéjar*-Stil gearbeitet und sie besitzt mehrere Skulpturen von Luján Pérez, der aus Guía stammte (seine Büste steht vor dem Postamt neben der Kirche). Pérez schuf das *Kruzifix* über dem Hochaltar und mehrere Figuren in der großen Kapelle des *Señor de la Colón* (›Herr der Säule‹) rechts. Auf Anfrage darf man über ein seitliches Treppenhaus zur zartgesichtigen **›Virgen Santa María de Guía‹** über dem Hauptaltar hinaufsteigen, wo auch ihr Schatz aus kostbaren Gewändern zu besichtigen ist. Am 15. August wird sie in einer langen, äußerst lebenslustigen Prozession durch die alten Gassen getragen.

Auch an einem solchen Feiertag sind die meisten Geschäfte geöffnet, vor allem die *Tiendas* und *Tapas*-Bars, in denen man die bekannteste Spezialität Guías probieren kann: den *Queso de Flor*, den **Blumenkäse** aus Schaf- oder Ziegenmilch, fermentiert mit dem Blütensaft von Wildartischocken. Das gibt dem Käse den aromatisch säuerlichen Geschmack und hält ihn über Wochen weich. Heutzutage macht Valsequillo [Nr. 54] mit seinem Blumenkäse aus Ziegenmilch Guía Konkurrenz. Tipps: Di und So findet hier ein stets gut besuchter Markt statt und Ende April/Anfang Mai wird die **Fiesta del Queso** (Käsefest) mit einem Markt und viel Folklore gefeiert.

Bekannt sind auch die **Messer** von Guía, deren runde Griffe mit kunstvollen geometrischen Einlegearbeiten aus Metall und Horn verziert sind. Sie sind ein traditionelles Werkzeug der Bauern und Viehzüchter auf Gran Canaria sowie ein kostbares Souvenir.

i Praktische Hinweise

Information

Información Turística,
Calle San José 9, Tel. 928 89 50 77,
www.santamariadeguia.es.

Einkaufen

Casa Arturo, Calle Lomo Guillén 16 (Richtung Gáldar), Guía. Im zweitältesten Käseladen des Orten, der Anfang des 20. Jh. eröffnete, erhält man die lokale Spezialität Blumenkäse sowie Kunsthandwerk. Im dazugehörigen Restaurant werden *Tapas* serviert.

13 Cenobio de Valerón, San Felipe und San Lorenzo

Beeindruckende Anlage vorspanischer Guanchen-Höhlen und Abkühlung im Meerwasserbecken.

TOP TIPP Eine der interessantesten altkanarischen Stätten, **Cenobio de Valerón** (Cuesta de Silva s/n, Santa María de Guía, Tel. 618607896, www.cenobiodevaleron.com, April–Sept. Di–So 10–18, Okt.–März Di–So 10–17 Uhr) liegt etwas versteckt an der GC-291 zwischen Santa María de Guía und San Felipe.

Unter einem weit vorhängenden Felsdach, also gut vor Regen und Wind geschützt, sind rechts oberhalb der Straße mehr als 300 Höhlen in allen erdenklichen Größen und Formen zu sehen. Sie dienten den Guanchen vermutlich als Getreidespeicher. Nach Meinung einiger Archäologen könnten die Höhlen auch in einer Doppelfunktion zugleich Kultplatz gewesen sein. In der Volksmeinung aber soll es sich bei der Anlage um eine Art Kloster (span.: *Cenobio*) für von Priestern beaufsichtigte Jungfrauen (*Hermiguadas*) gehandelt haben, die hier vor ihrer Heirat buchstäblich gemästet wurden.

Die alte, kurvenreiche Landstraße Richtung Las Palmas führt weiter zu Meer und Strand, nach **San Felipe**. Das winzige Dorf liegt unterhalb der höchsten Brücke Spaniens, der *Puente de Silva*, 128 m über dem *Barranco Hondo*.

Im benachbarten **San Lorenzo** treffen sich an warmen Wochenenden Bewohner der Umgebung und Besucher aus Las Palmas. In den brandungsumtosten Felsenstrand ist ein breites Meerwasserbecken eingelassen, das die Einheimischen TOP TIPP **Charco de San Lorenzo** nennen. Ringsum gibt es in Ständen kleine Garküchen. Ein größeres Restaurant lockt mit wackeligen Tischen auf einer Terrasse, es duftet nach Fisch – und allenthalben herrscht eine ausgelas-

Bienenwabenartig drängen sich die Höhlen von Valerón im Schutz des Felsüberhangs

sene Stimmung. Ein Stück weiter östlich auf einer Landzunge ragt wie eine Festung das weiße Fischernest **El Roque** empor, das man nur zu Fuß erkunden kann.

i Praktische Hinweise

Restaurants

El Paso, direkt am Meerwasserbecken, San Lorenzo, Tel. 928 62 01 77. Neben bunten Strandkabinen gibt es frischen Fisch, einfach zubereitet und ungeheuer lecker (Sa/So geschl.).

Los Pescaditos, am Meerwasserbecken, San Lorenzo. Stets fröhlich-lautes, preiswertes, bei Einheimischen sehr beliebtes Fischlokal, auch mit halben Portionen.

14 Gáldar

Die erste Hauptstadt Gran Canarias ist stolz auf ihr Guanchen-Erbe.

Das lebhafte Gáldar (145 m Höhe) war die erste Siedlung der Altkanarier mit einem Monarchen. *Real Ciudad de Santiago de los Caballeros de Gáldar* nannten die Spanier die später von ihnen eroberte Stadt.

Atidamana und Gumidage hießen die ersten *Guanartemes* (Könige) der Altkanarier, deren *Alcazar* (Palast) an der Stelle der heutigen Pfarrkirche stand. In der Hofkapelle zelebrierte *Bischof Fray Juan de Frias* im Beisein von Santiago de los Caballeros nach dem Sieg der Spanier über die Guanchen die erste Messe und nahm sich dann der Canarios an.

Heute leben etwa 6000 Menschen im historischen Zentrum von Gáldar. Ihr Wohlstand begündet sich auf der Bananenwirtschaft und der Bezirksverwaltung, für die in den letzten Jahren ein prächtiges Gebäude im postmodernen Stil entstand. Soviel Wichtigkeit zieht freilich auch viele Autos in die kleine Stadt, die zu den Bürostunden vor dem Verkehr zu kapitulieren scheint.

Die Straßen des historischen Kerns (meist mit Parkzeitbeschränkung/Blaue Zone) tragen altkanarische Namen wie den von *Tenisor*, dem letzten Kanarenkönig, und sind mit gusseisernen Laternen sowie Blumenständen dekoriert.

Den Mittelpunkt des Städtchens bildet die hübsche, baumbeschattete **Plaza de Santiago**. Auffällig ist hier die braungraue, stark strukturierte Fassade der Pfarrkirche **Santiago de los Caballeros** (Mo–Fr 11–12, 18–20 Uhr). Die Bauweise ist

In Stein verewigt überblickt Tenisor Semidán die Plaza de los Faycánes in Gáldar

kanarisch-klassizistisch mit drei Portalen und zwei aufgesetzten Glockentürmen. Die seitlichen Mauern sind gelb getüncht und zeigen durch den dunklen Stein der kräftigen Lisenen eine deutliche Gliederung. Diese setzt sich in der dreischiffigen Basilika mit ihren beiden Kapellenreihen rechts und links fort. Die oktogonalen Pfeiler wirken recht gestelzt. Zur Ausstattung der Kirche gehört ein markantes Kunstwerk: Die Rettung der Altkanarier vor dem Fegefeuer durch ihre Missionierung bzw. Christianisierung (in der ersten Seitenkapelle links). Schön sind die großen Glasmalereien der Fenster, kostbar die schweren Silberarbeiten.

Das schlichte Rathaus **Ayuntamiento de Galdár** (Haus Nr. 1) weiter ölstlich an der *Plaza de los Faycánes* gliedert sich schön in die Fronten der Häuser aus dem 17. und 18. Jh. ein. Zu den Amtsstunden kann man in den geradezu intim wirkenden Innenhof eintreten und einen uralten Drachenbaum bestaunen. 1718 soll er gepflanzt worden sein – damals hatte man wohl nicht damit gerechnet, dass er eines Tages beinah den gesamten Innenhof ausfüllen würde.

Auf der Rückseite des Rathauses befindet sich in der Calle de las Facaracas das dreigeschossige, im Jahr 1912 erbaute **Te-**

atro Municipal. Das Gebäude ersetzte das alte, bereits von Isabella II., gegründete Theater und erstrahlt seit seiner Restaurierung 2010 wieder in einstigem Glanz.

Etwas weiter nördlich ist die **Casa-Museo Antonio Padrón** (C/Drago, 2, Tel. 928 55 18 58, www.antoniopadron.com, Mo–Fr 9–13 Uhr) dem gleichnamigen Künstler (1920–1968) und seinen sehr expressionistischen Bildern gewidmet. In seinem einstigen Atelier und den anschließenden Räumen werden etwa 100 seiner Gemälde und Holzarbeiten gezeigt. Mehrheitlich befassen sie sich mit dem Alltag der Menschen auf den Kanaren, zeigen sie bei der Arbeit oder bei traditionellen Festen.

Im südlichen Stadtzentrum von Gáldar befindet sich das spannende **Museo y Parque Arqueológico Cueva Pintada** (Tel. 928 89 54 89, www.cuevapintada.org, Mitte Juni–Mitte Sept. Di–Sa 10.30–19.30, So, Fei 11–19, Mitte Sept.–Mitte Juni Di–Sa 10–18, So, Fei 11–18 Uhr; letzter Einlass 90 Min. vor Schließung), eine der wichtigsten altkanarischen Fundstätten Gran Canarias. Zentrum und Höhepunkt des Archäologischen Parks ist die 1873 entdeckte **Cueva Pintada**, ein einzigartiges Zeugnis der Kunstfertigkeit der frühen Siedler: Die Wände der Höhlenkammer sind mit geometrischen Mustern in Rot, Schwarz und Weiß dekoriert. Vor der Bemalung wurden die Felsen sorgfältig mit Mörtel geebnet und mit Ton glatt gerieben. Auf diese Grundierung wurden dann anschließend die Farben aus Mineralstoffen wie Rötel und gebranntem Ton aufgetragen. Das Dekorationssystem aus Dreiecken, Kreisen und Vierecken wurde, ausgehend von der Zentralachse der Höhle, symmetrisch angeordnet, was auf die Verwendung eines Entwurfs schließen lässt.

TOP TIPP

Bis heute konnte nicht geklärt werden, welche Bedeutung die Felsmalereien haben, unumstritten aber ist die Funktion der Höhle als Kultplatz und Versammlungsort. Dafür spricht etwa die Lage der Cueva Pintada im Zentrum von *Agaldar*, eine der wichtigsten Guanchen-Siedlungen Gran Canarias, die vom 6. bis zum 16. Jh. bestand. Rund um die Höhle wurden bei Grabungsarbeiten die Fundamente von mehr als 60 **Steinhäusern** freigelegt und können bei einem Rundgang durch den Archäologischen Park besichtigt werden. Außerdem wurden drei altkanarische Häuser originalgetreu nachgebaut und vermitteln eine Vorstellung vom Leben in der Siedlung. Im **Museum** schließlich sorgen Dokumentationsfilme und die zahlreichen anschaulich präsentierten Fundstücke, darunter Kultobjekte, Werkzeuge und Tongefäße dafür, dass man eine gute Vorstellung vom Alltag der Guanchen gewinnt.

Unweit vom Archäologischen Park befindet sich eine weitere Stätte altkanarischer Kultur: Die riesige **Nekropole La Guancha** (Tel. 636 57 85 86, Besichtigung nach Voranmeldung) war wohl die Grabanlage des *Guanartemato de Gáldar*, des Königreiches von Gáldar. Um dorthin zu gelangen, folgt man vom Kirchplatz aus dem Hinweisschild nach Algujero.

Noch immer geben die geometrischen Wandmalereien der Cueva Pintada in Gáldar Rätsel auf

Mit Farbkraft und Dekorationsfreude lenken die Bewohner Agaetes den Blick auf ihre Häuser

Praktische Hinweise

Information

Información Turística, Plaza de Santiago 1, Gáldar, Tel. 928 89 58 55, www.galdar.es.

Hotel

Hacienda de Anzo, Vega de Anzo, Gáldar, Tel. 928 55 16 55. Gediegen eingerichtetes Hotel mit sechs Zimmern in einem alten Herrenhaus auf dem Land, Swimmingpool im schönen Garten.

Restaurant

Alcori, Calle Capitán Quesada/Ecke Manuel Padrón, Gáldar, Tel. 928 88 36 74. Einfaches aber gutes Lokal im Zentrum, Spezialität sind Schweinefleischgerichte.

15 Puerto Sardina del Norte

Fischerdorf mit dunklem Sandstrand im äußersten Nordwesten Gran Canarias.

Was die Grancanarios so an diesem kleinen Hafen in der fast schwarzen Felsenbucht fasziniert, ist nicht auf den ersten Blick zu erkennen. Aber die dunkle Bucht verfügt tatsächlich über einen gewissen Charme. Vor allem jedoch locken der frische Fisch und die *Mariscos*, die man hier im Restaurant und an Ständen zu essen bekommt – oder selber fängt. Das Ortszentrum liegt unweit des Sandstrandes, der Fischerhafen befindet sich ein Stück weiter südlich. In der Umgebung des Fischerdorfes sind viele neue Apartmenthäuser entstanden.

Parken darf man am Hafen übrigens nur zeitlich begrenzt in der Blauen Zone.

Praktische Hinweise

Restaurants

La Cueva, direkt über dem Strand, Puerto Sardina del Norte, Tel. 928 88 02 36. Einladendes preiswertes Fischlokal in einer Höhle, auch mit *Tapas* (Di geschl.)

La Fragata, Puerto Sardina del Norte, Tel. 928 883296. Sehr großes, modernisiertes und etwas teures Lokal mit Traumaussichten auf das Meer bis nach Teneriffa mit dem Pico del Teide (So, Mi abends geschl.).

16 Agaete

Freundliches Städtchen am Ausgang eines blühenden Tales.

An den Hängen am Straßenrand wachsen Opuntien und riesige Wolfsmilchbüsche (*Tabaibas*), Oleanderblättrige Kleinien sowie Agaven und Buschdornlattich mit gelben Blüten. Die übrige Landschaft Richtung Küste ist aber im Sommer fast nackt, braun und ausgedörrt. Von Gáldar kommend, windet sich die neue Schnellstraße zum **Llano de las Mariscas** hoch, um sich bald wieder abwärts zu senken

An die satt grünen Hänge des Valle de Agaete schmiegen sich kleine Siedlungen

Ins blühende Agaete-Tal

TOP TIPP

Nur 8 km lang ist das liebliche **Valle de Agaete**, aber eine überwältigende Pflanzenvielfalt und Blütenpracht erwartet den Besucher. Ausgangspunkt einer Wanderung durch das vielleicht fruchtbarste Tal der Insel ist der Ort **Agaete** (Hinweisschilder im Zentrum nahe der Pfarrkirche beachten). Obwohl das Tal als Ausflugsziel große Beliebtheit genießt, ist es mit Einkehrmöglichkeiten nicht reich gesegnet, so dass man sich vorab mit genügend Trinkwasser und Proviant versorgen sollte.

Üppigste Natur macht das Agaete-Tal zu einer farbenfrohen Augenweide

Die leichte Tour führt zwischen dicht mit Opuntien, riesigen Wolfsmilchbüschen und Agaven bewachsenen Hängen zwischen Pflanzungen von Mangos, Papayas, Orangen, Zitronen, Avocados, Feigen und sogar Kaffee an Fincas und der Urbanisation La Suerte vorbei zunächst bis zu dem alten Ort **San Pedro**, in dem die *Casa Tino* oder die *Bar La Palma* eine Erfrischung bieten.

Für anspruchsvolle Wanderer lohnt sich hier ein Abstecher (ca. 3,5 Std.) stramm bergauf bis auf 1000 m Höhe in den **Parque Rural de Tamadaba** mit herrlichem Panoramablick über Kiefernwälder bis zum Meer.

Die bequeme Route durch das Tal führt von San Pedro weiter bis zum **Balneario Los Berrazales**. Das wegen seiner heilenden Thermalquellen im 20. Jh. beliebte Kurbad scheint heute in tiefen Dornröschenschlaf versunken. Eine Möglichkeit zur Rast bietet das einfache Restaurant *La Suerte* (Tel. 928 89 83 14).

Hier endet die Straße, dahinter bewacht der 1082 m hohe **Gordo** das Tal. Er lässt sich nur zu Fuß mit guter Wanderausrüstung bezwingen und auch dann ist seine Besteigung alles andere als ein Spaziergang. Für diese Fortsetzung ist also eine ortskundige Begleitung empfehlenswert.

und fast schnurgerade zu dem nur 41 m hoch gelegenen Agaete zu führen.

Das Leben des Städtchens, das mit fast 6000 Einwohnern das größte an der Westküste ist, spielt sich rund um die schlichte klassizistische Pfarrkirche **La Concepción** (1874–81) ab, in der auch das Triptychon *›Virgen de las Nieves‹* (s. u.) aufbewahrt wird. In den kleinen Bars rings um den Kirchplatz treffen sich die Männer zum *Tapas*-Essen. Abends versammeln sich an der Kirche die Jugendlichen.

i Praktische Hinweise

Hotels

Finca La Mareta, Valle de Agaete s/n, Tel. 928 48 06 58, www.lascasascanarias.net. Casa Rural mit Ferienwohnungen in drei schön hergerichteten historischen Bauernhäusern inmitten einer Obstplantage, mit Pool.

Finca Las Longueras, Valle de Agaete s/n, Tel. 928 89 81 45, www.laslongueras.com. Herrlich im Grünen und ruhig über dem Tal gelegenes Landhotel. Zehn fein eingerichtete Zimmer, Gesellschaftsräume, Kapelle, Fitness Center, Swimmingpool und Snackbar.

Restaurants

Casa Pepe, Calle Alcalde de Armas Galván 5, Tel. 928 89 82 27. In dem rustikalen Lokal treffen sich die Einheimischen, zu essen gibt es Fischgerichte und Salate (Mi geschl.).

La Palmita, Carretera de las Nieves–Agaete s/n, Tel. 928 89 87 04. Örtliches Spezialitäten-Restaurant mit gutem Preis-Leistungs-Verhältnis (Di geschl.).

17 Puerto de las Nieves

Von Agaete nur 1 km entfernt, liegt das hübsche Fischerdorf direkt am Meer.

Die kurze Strecke zwischen Agaete und Puerto de las Nieves lässt sich auch zu Fuß bewältigen, obwohl man wohl eher in letzterem Ort einen Parkplatz bekommt.

Touristisch bedeutsam wurde das Städtchen erstmals 1995 mit Etablierung der *Fährverbindung* zur Nachbarinsel Teneriffa [s. S. 125]. Der hübsche Hafenort hat inzwischen durch eine Shoppingmeile, Bars und Restaurants, durch einen Jachthafen und eine lange Strandpromenade noch zusätzlich an Attraktivität gewonnen. Häufig duftet es hier nach frischen Fischgerichten, sowohl an der Meerespromenade entlang des Hafens, als auch in der Hauptgasse von Puerto de las Nieves, die parallel zum Meer verläuft.

Im Vorgängerbau der **Ermita de Nuestra Señora de las Nieves** wurde die erste Messe zu Ehren der ›Jungfrau vom Schnee‹ 1559 von Cairasco gelesen. Das heutige Gotteshaus stammt aus dem Jahr 1870 und ist leider nur selten zugänglich. Doch einmal im Jahr ist es Schauplatz eines der ausgelassensten Feste von Gran Canaria, der *Bajada de la Rama* [s. S. 66]. An den Höhepunken der Feierlichkeiten, am 4. und 17. August, hat das Kirchlein dann seine Pforten für jedermann geöffnet. Grund der *Bajada* ist das Triptychon *›Virgen de las Nieves‹*. Da das Kunstwerk viel zu kostbar ist, bleibt es auch während des Festes in der Kirche von Agaete [s. o.]. An seiner Statt wird eine Kopie der ›Jungfrau vom Schnee‹ in einer langen **Prozession** nach Agaete getragen und in der dortigen Pfarrkirche für die Dauer der Feierlichkeiten aufgestellt.

Das **Triptychon** (wahrscheinlich von Joos van Cleve, 1485–1540) wurde im Jahr 1533 aus Flandern hierher gebracht. Das

Die ›Jungfrau vom Schnee‹ von Puerto de las Nieves ist Anlass für höchste Verehrung

Panoramatour von Puerto de las Nieves nach La Aldea

In herrlichen Kehren steigt die **GC-200** steil über Puerto de las Nieves [Nr. 17] an und führt mit atemberaubenden Küstenblicken 39 km südwärts nach La Aldea de San Nicolás.

Noch viele Kilometer weit ist immer wieder der Hafen von Puerto de las Nieves aus meist schwindelnder Höhe zu erkennen. Dann richtet sich der Blick nach Süden. Die Felsen an beiden Straßenseiten sind fast nackt, nur vereinzelt erheben sich dazwischen ein paar Kandelaber-Euphorbien. Man passiert einen palmenübersäten Barranco und dann den Pass **Cruz del Tabaibal**. In schneller Fahrt geht es anschließend abwärts ins beträchtlich angewachsene **El Risco**. Dort folgt die Bergstraße in einer scharfen Kehre kurz dem Lauf des Risco-Baches ins Inselinnere. Man sollte beachten, was am Straßenrand immer wieder zu lesen steht: ›*En caso de lluvia...*‹ (›*Im Falle von Regenfällen ...*‹). Dann nämlich herrscht auf Teilstücken der Westküstenstraße Fahrverbot!

Entlang dem Barranco in Richtung Küste kann man einen Abstecher zur schlichten steinigen **Playa del Risco** machen. Auf der Hauptstrecke führt eine kurze Pfefferbaumallee in die Kurve, in der die **Bar Perdomo** (mit kleinem Supermarkt) liegt. Nett ist auch der Platz gegenüber mit seinen Schatten spendenden Gummibäumen – sozusagen der Dorfplatz für die wenigen, verstreut liegenden Häuser der Gegend.

Bald darauf geht es wieder küstenwärts. Nach einem kurzen Tunnel rückt das Meer in die Ferne und ist eine Weile außer Sicht. Felsformationen aus Vulkangestein zeigen alle erdenklichen Farben und Formen. Bald ist wieder das

Kühn folgt die Straßenführung der zerklüfteten Küste im Westen

Meer zu sehen, an den Hängen sind vereinzelt Felder terrassiert. Dann beherrschen dunkle Basaltfelsen das Bild, die Berglandschaft wird wilder und nicht selten fährt man hier in eine Wolkenwand hinein: **Andén Verde** heißt der Platz. Man kann in der Ausbuchtung am Straßenrand den Wagen abstellen und ein paar Meter zurückgehen, um den Blick über die wilde Nordwestküste Gran Canarias zu genießen.

Südwärts zieht sich das fruchtbare **Valle de la Aldea** mit seinen Feldern und Treibhäusern tief ins Inselinnere hinein. Nach kurzer Fahrt gelangt man zum **Mirador del Balcón** – und wirklich: Wie von einem Balkon aus genießt man hier am Hang des 514 m hohen *Carriso* die Küstenlandschaft tief unten. Noch eine schöne Straßenschleife und abwärts geht es die letzten 6 km zur **Playa de la Aldea** bzw. **Puerto de San Nicolás**. Die kleine Strand- und Hafensiedlung mit langer Promenade und ein paar Fischrestaurants wie *Aguas Marians, Bar Avenida* und *Playa de la Aldea*) wird an Wochenenden von den Bewohnern des Tales gestürmt. Neben einigen Booten im kleinen Fischerhafen gibt es noch einen weitläufigen Picknickplatz mit großem Parkplatz. Hier, an der Mündung des langen, fruchtbaren **Barranco de la Aldea** [Nr. 18], wurde ein ausgedehnter Park mit einigen Palmen und Tamarisken angelegt. Nur noch 4,5 km sind es in das malerisch gelegene, aber durch riesige Treibhäuser geprägte Städtchen **La Aldea de San Nicolás**.

TOP TIPP

dreiteilige Altarbild zeigt die Jungfrau mit dem Jesuskind, rechts vom hl. Franz von Assisi und links vom hl. Antonius flankiert. Im Hintergrund öffnet sich der Blick auf eine herrliche Landschaft. Die spanischen Auftraggeber des kostbaren Werkes sind in zwei Medaillons zwischen den Altarflügeln dargestellt.

Ein Stück weiter südlich (links vom Fischer- und Fährhafen) öffnet sich vor hoher Felswand eine kleine **Badebucht**, an deren Rand ein steiler Fels aus dem Wasser ragte: **El Dedo de Díos**, der ›Finger Gottes‹. Am 28. November 2005 aber brach der zerstörerische Tropensturm Delta, der auf den Kanaren Schäden in Millionenhöhe anrichtete, einen Teil der fotogenen Felsnadel ab. Weil auch die Basis angeschlagen ist, kann man das Wahrzeichen nicht wieder herstellen.

i Praktische Hinweise

Information

Información Turística, Calle Nuestra Señora de las Nieves 1, Agaete/ Puerto de las Nieves, Tel. 928 55 43 82, www.aytoagaete.es

Bajada de la Rama

Anfang August geht es in Agaete und dem kleinen Nachbarort Puerto de las Nieves hoch her. Dann wird die Bajada de la Rama begangen, ein Fest, das auf einen altkanarischen **Regenritus** zurückgeht.

Am ersten Festtag, dem 4. August, tanzen sich die Bewohner von Agaete geradezu in Ekstase. Mit jungen Zweigen vom Pinar de Tamadaba in den Händen ziehen sie, nach Regen rufend, von Agaete aus zum Hafen von Puerto de las Nieves. Dort legen sie die Zweige dem Bildnis der schönen ›**Virgen de las Nieves**‹, der ›Jungfrau vom Schnee‹ aus dem Mittelteil eines Triptychons (16. Jh.) zu Füßen. Heutzutage handelt es sich dabei um eine Kopie, die anschließend von Puerto de las Nieves in die Kirche von Agaete getragen wird. An dieser Prozession nehmen jedes Jahr bis zu 20 000 Gläubige teil.

In der Nacht vom 16. auf den 17. August wird in den Gassen beider Orte mit Musik und Tanz gefeiert. Höhepunkt ist ein großes **Feuerwerk**. Am 17. August begleitet eine neuerliche Prozession das Bild der ›Virgen de las Nieves‹ zurück zur Kapelle am Hafen von Puerto de las Nieves.

Offiziell endet das Fest erst am 25. August. Dann – so sagen die Leute von Agaete – hört endlich der trockenheiße Wind auf zu blasen und der schon in altkanarischen Zeiten erflehte Regen kann kommen.

Während der Bajada de la Rama flehen die Bewohner Agaetes um Regen

Zwischen schroffen Felswänden funkelt der Embalse de Paralillo wie ein Smaragd

Hotel

******Puerto de las Nieves**, Av. Alcalde José de Armas, Puerto de las Nieves, Tel. 928 88 62 56, www.hotelpuertodelasnieves.es. Architektonisch gelungenes, modernes Hotel nahe dem Hafen, innen wie ein Schiff gestaltet, mit Spa-Center.

Restaurants

El Cápita, Puerto de las Nieves 37, Tel. 928 55 41 42. Die Spezialität des sehr qualitätvollen Fischlokals ist der Tintenfisch in leckerer Soße.

TOP TIPP **El Puerto de Laguete**, Puerto de las Nieves 9, Tel. 928 89 84 77. Schön am Hafen gelegenes, freundliches und preiswertes Fischlokal. Es gibt auch hausgemachte Süßspeisen.

18 Barranco de la Aldea

TOP TIPP *Herrliche Ausblicke und ein Reigen von Stauseen entlang einer schwindelerregenden Serpentinenstraße.*

Eine der schönsten und aufregendsten Fahrtstrecken Gran Canarias ermöglicht die Straße von La Aldea de San Nicolás entlang der Stauseen der Talschlucht von Aldea und weiter in Richtung Artenara [Nr. 44]. Allerdings ist der Straßenabschnitt zwischen dem **Embalse de Paralillo** und dem **Embalse Candelaria** so eng, führt ohne Seitenbegrenzung über den Barranco und gipfelt in so schmalen Haarnadelkurven, dass man als Autofahrer sehr gute Nerven haben sollte. Belohnt wird man mit herrlichen Ausblicken, ob zu Beginn der Fahrt abwärts ins fruchtbare Tal von San Nicolás oder später über die markanten Gipfel und schroffen Felsen des Inselinneren und natürlich auf die Stauseen.

Auf halber Höhe des **Altavista** (1377 m) lockt eine alte Windmühle, von der aus man abermals atemberaubende Ausblicke genießen kann. Bis zur Landstraße nach Artenara sind es etwa 40 aufregende Kilometer, für die man mindestens drei Stunden einplanen sollte. Es empfiehlt sich, einen Picknick-Korb mitzunehmen und an einem der Stauseen eine hübsche Raststelle aufzusuchen.

Als Fahrstrecke weniger anstrengend, aber landschaftlich nicht minder schön ist die Fortsetzung der Route nach Norden über die kleineren Stauseen wie den **Embalse de los Pérez** zwischen **Casas Las Hoyas** und dem 1082 m hohen **Gordo**. Auf dessen nordwestlicher Seite dehnt sich das herrliche Valle de Agaete [s. S. 62] aus. Der Blick ins Tal ist unvergleichlich schön, doch es gibt hier keinen Straßenzugang.

Der Süden – Badefreuden ohne Ende

Bis vor wenigen Jahrzehnten bedeckten hier noch die größten *Tomatenplantagen* der Insel riesige Flächen, doch zu hart war die Arbeit, zu kostspielig und mühsam das Bewässern der Treibhäuser und Felder auf dem wenig fruchtbaren Land im wüstenähnlichen Klima. Für sonnenhungrige Mittel- und Nordeuropäer ist dies aber genau das richtige Milieu. Daher verlagerte sich der Tourismus mehr und mehr von der Inselhauptstadt Las Palmas mit ihrem etwas unsicheren Wetter in den Süden, der Sonne pur und wolkenlosen Himmel verheißt. Zwischen **Puerto de Mogán** und **San Agustín** entstand eine Ferienlandschaft für mehr als 150 000 Strandurlauber. Jährlich nutzen Hunderttausende Besucher das Angebot: im Südwesten an engen Felsenbuchten mit meist aufgeschüttetem Sandstrand, im Südosten verwöhnt von den weiten, goldsandigen Dünen von **Maspalomas** und kilometerlangen, breiten Sandstränden.

Im äußersten Westen Gran Canarias führen 24 km schönste **Bergstrecke** mit einladenden Haltepunkten von La Aldea de San Nicolás südöstlich nach **Mogán**, vorbei an den blau-grünen Vulkanfelsen von **Los Azulejos**. Kaum ein Urlauber lässt sich diese Entdeckungstour durch die Insel entgehen, auf der gleich vier Schluchten zur Fahrt an die Küste einladen: Noch etwas holprig zu befahren sind der **Barranco de Tasártico** und der **Barranco de Veneguera**, perfekt erschlossen sind hingegen der **Barranco de Tasarte** und der **Barranco de Mogán**.

19 Playa de Tasártico

Düster-schöner Kiesstrand – genau richtig für Freunde der Einsamkeit.

Von der schönen Bergstrecke GC-200 von La Aldea de San Nicolás [s. S. 64] nach Mogán führt gleich die erste Abzweigung rechts in den **Barranco de Tasártico**. Allerdings ist die 11 km lange Fahrt durch die Schlucht zum Meer sehr anstrengend, vor allem die Staubpiste ab der kleinen Siedlung von Casas Blancas zwischen den noch allgegenwärtigen Treibhäusern. Am Ende der Stichstraße wartet jedoch ein steiniger Strand, der Einsamkeit, Ruhe und Frieden verspricht.

Sehr schön ist die fast schwarze, steile Basaltwand mit ihren zahlreichen ›Blasen‹ rechts und links vom Strand. Auf einer Anhöhe lockt ein kleiner Campingplatz mit Restaurant und Minimarkt zur Übernachtung oder Einkehr.

20 Playa de Tasarte

Vulkangestein und schwarze Kiesel prägen den hübschen Strand.

Die Straße in den 11,5 km langen **Barranco de Tasarte** ist bis kurz vor seinem Ende asphaltiert. Mit den drei ineinander übergehenden, lang gezogenen Straßendörfern Tasarte, El Manantial und Santa Brígida ist das Tal relativ dicht bebaut. Von intensiver Landwirtschaft zeugen Treibhäuser, junge Papayapflanzungen sowie Mango- und Avocadogärten. Sogar eine Bananenplantage ist auszumachen. Außerdem gibt es hier auch ein Agrarzentrum und eine Baumschule für Palmen.

Das Tal läuft zum Meer hin in die großen schwarzen Kiesel der *Playa de Tasarte* aus. Rechter Hand findet man Sommeridylle pur: Einige windschiefe Hütten stehen am Strand, Fischerboote sind den steilen, dunklen Hang hochgezogen. Im Sommer ist das Wasser bei Ebbe seicht und einladend, Kinder spielen am Ufer, Angler warten auf einen Fang.

i Praktische Hinweise

Restaurant

Oliva, Playa de Tasarte, Tel. 928 89 43 58. Angenehmes kleines Restaurant mit guten Fischgerichten in familiärer Atmosphäre. Am Wochenende sehr gefragt! (tgl. 11–17 Uhr)

Strandfreuden für Individualisten bietet die Playa de Tasarte am Fuße von Vulkanbergen

21 Los Azulejos

Das faszinierende Farbspiel der blau-grünen Felsen wirkt geradezu außerirdisch.

Rund 4 km östlich von Tasarte, an der *Degollada de Veneguera*, bietet die Natur ein eindrucksvolles Schauspiel. Am Fuße des 1426 m hohen **Inagua** kommen links über einer großzügigen Straßenkurve die unwirklich blauen und grünen **Felshänge**, *Los Azulejos*, in den Blick, um die sich die Straße ein paarmal herumwindet. Je nach Sonnenstand zeigt das Gestein verschieden intensive helle oder dunkle blau-grüne Streifen. Es handelt sich um poröses, geschichtetes, stark mineralhaltiges Tuffgestein, das man sich näher ansehen kann: bei einem kurzen Aufstieg von der nahen Straßenbar aus oder bei einer längeren *Wanderung* (Auskunft zu geführten Touren in der Bar). Bei näherem Hinsehen erkennt man, wie brüchig das schiefrig-mineralische Gestein ist, das an den vulkanischen Ursprung der Insel erinnert.

In bizarrer Schönheit erinnern die ›Azulejos‹ an Zeiten, als die Erde noch jung war

22 Barranco de Veneguera

Fruchtbare Schlucht mit blühender Vegetation und einem friedlichen Sandstrand.

Gleich hinter der Abzweigung von der GC-200 südwärts liegt die Ansiedlung **Las Casas de Veneguera**. Von dort windet sich die Straße GC-206 steil nach unten und dann relativ flach 10 km weiter bis ans Meer. Die staubige, sehr schlechte Piste führt durch den unter Naturschutz stehenden Barranco de Veneguera. Größtenteils nutzt die Straße den Lauf eines meist trockenen Flussbetts, Kandelaber-Euphorbien wachsen an den nahe zusammenrückenden Hängen. Wo genug Platz ist, werden Bananen, Mangos und Avocados angebaut.

Plötzlich scheint ein riesenhafter Flamboyant den Weg von links zu versperren, ein knallrot blühender Schattenspender für ein Wasserbecken in einer Bananenplantage. Den prächtig blühenden Tropenbaum soll in den 1930er-Jahren ein Engländer gepflanzt haben, deshalb wird der Platz auch **El Inglés** genannt. Der *Barranco* weitet sich ab hier und überrascht an seinem Ende bei Ebbe mit einem lan-

gen, dunkel getönten, feinsandigen Strand, begrenzt von rundgewaschenen Steinen und Felsen.

Gleich links führt eine für den öffentlichen Verkehr gesperrte Asphaltstraße auf den **Lomo de Tabaibales**, der knapp 5 km landeinwärts bis auf 602 m ansteigt.

Nach dem Rückweg aus dem warmen, trockenen Tal empfiehlt sich oben an der Hauptstraße GC-200 zum Pausieren und Luftholen das freundliche Bar-Restaurant **Las Cañadas** (s. u.) an der Einmündung der *Barranco*-Straße. Hier kann man sich mit frisch gepressten Säften und kanarischen Spezialitäten für die Weiterfahrt stärken.

Unterhalb dieses hübsch gebauten Freiluft-Restaurants liegt das alte bäuerliche Anwesen der Besitzerfamilie, aus dem sie eine Art **Bauernmuseum** (tgl. 9–22 Uhr) – in Miniaturformat – gemacht hat. Davor befindet sich, als Ausgangs- oder Endpunkt für Wanderer praktisch, eine Bushaltestelle. Hier verkehren die Buslinien 101 Aldea de San Nicolás–Galdár und 38 Playa de Tasarte–Puerto de Mogán.

i Praktische Hinweise

Restaurant

Las Cañadas, Las Casas de Veneguera, Tel. 928 17 25 80. Einladendes Freiluftrestaurant mit Bar u. a. für Snacks und frische Säfte.

23 Mogán

Der ruhige Bergort ist beliebter Ausgangspunkt für Wanderungen in die herrliche Umgebung.

Zwischen dem 929 m hohen **Roque Pernal** im Norden und dem 548 m hohen **Cruz de Mogán** windet sich die Straße in sehr scharfen Kehren, bis sie plötzlich in fast gerader Linie nach Süden abfällt und direkt auf das 250 m hoch gelegene **Mogán** im gleichnamigen *Barranco* zuläuft. Schon von der letzten scharfen Kurve blickt man auf das schlichte Straßendorf (Markt So 9–14 Uhr) in einem der fruchtbarsten Täler der Insel. Palmen und Orangen, Papayas und Avocados, Mangos und Bananen werden hier angebaut. Kein Wunder, dass immer mehr Wanderer das liebliche Tal entdecken und es von Mogán aus, dem günstig gelegenen Gemeindehauptort des Südwestens, zu Fuß erkunden.

Blutrote Akzente im Barranco de Veneguera

Das kleine Ortszentrum markiert ein uralter Eukalyptusbaum, den die Bewohner zu einer Art Litfasssäule umfunktioniert haben. Von Norden aus betrachtet zieht sich links der Straße das Dorf relativ steil den Hang hinauf. Das herausgeputzte Rathaus steht oberhalb der großen *Plaza* auf halber Höhe über der Hauptstraße. Die kleine Kirche am Südende des Platzes ist recht unscheinbar und schlicht. Mogán kann mit einigen Restaurants und kleinen Pensionen aufwarten und in den Bars wird u. a. köstlich frischer Orangensaft angeboten. Als Attraktion lockt eine restaurierte Windmühle im Süden des Dorfes, direkt an der Landstraße und nicht zu verfehlen.

i Praktische Hinweise

Restaurants

Acaymo, Calle El Tostador 14, Mogán, Tel. 928 56 92 63. Typisch kanarisches Grill-Restaurant am südlichen Ortsausgang von Mogán mit Terrasse. An Ausflugstagen der Reiseveranstalter – meist an Wochenenden und Feiertagen – sehr voll (So abends und Mo geschl.).

Cafeteria Mogán, von der Tankstelle am Ortseingang 4 km Richtung Inselzentrum, Mogán, Tel. 928 56 52 32. Kanarische Gerichte, Tapas, Bocadillos.

Casa Enrique, Calle San José 3, Mogán, Tel. 928 56 95 42. Nettes Café im Zentrum mit kanarischen Fleisch- und Fischgerichten sowie guter Weinauswahl.

Puerto de Mogán öffnet sich dem Meer wie der Welt – und bewahrt seine Eigenart

24 Puerto de Mogán

Der kleine Fischereihafen wurde durch feinfühligen Ausbau zum vielleicht schönsten Ferienort der Insel.

Erst 1982 begann die rasante Entwicklung von Puerto de Mogán zum **Ferienzentrum**: mit dem Bau des neuen *Jachthafens*, umgeben von hübschen, niedrigen Apartmenthäusern und einem Mittelklasse-Hotel im ›andalusischen‹ Stil. Die Reihenhäuser in dieser autofreien Urbanisation sind weiß getüncht, Fenster- und Türrahmen sowie die Trennlinien zwischen den einzelnen Häuschen sind himmelblau, stierblutrot und gofiogelb, schmiedeeiserne und hölzerne kleine Balkone wechseln sich ab, Brückchen führen über schmale Kanäle, Bögen über enge Gassen. Von den Dachterrassen quellen Bougainvilleen in allen erdenklichen Rottönen über die Sträßchen, vor den kleinen Häusern liegen liebevoll gepflegte Gärten. Merkwürdig ist, dass man den Gassen keine Namen, sondern einfach Nummern gab.

Auch am **Hafen** erhielt Puerto de Mogán ein ›andalusisches‹ Gesicht. Im Übrigen zieht sich das alte Fischerdorf wie eh und je den *Lomo de Tabaibales* hinauf: Die Häuser stehen eng ineinander verschachtelt und könnten teilweise einen frischen Anstrich brauchen. Aber man

Flaneure treffen sich auf der lauschigen Hafenpromenade von Puerto de Mogán

hatte den Fischern versprochen, als sie die Genehmigung für den Jachthafen gaben, sie nicht zu behelligen. Außerdem sollten sie einen großen neuen *Fischereihafen* (mit kleiner Werft) erhalten. Auch dieses Versprechen wurde eingelöst.

Seitdem ist Puerto de Mogán enorm gewachsen. Die prinzipiellen Strukturen wurden erhalten, aber am früheren Strand der Fischer jenseits des Barranco entstand fast schon eine neue Urlaubsstadt mit Einkaufszentrum und Apartmenthäusern. Der **Sandstrand** wurde nochmals aufgeschüttet, und da er flach abfällt ist er ein wahres Kinderparadies. In der hübschen **Fußgängerzone** locken zahllose Bars, Restaurants und Eisdielen. Etwa das Tu Casa (s. S. 75) im herausgeputzten historischen Herrenhaus aus dem frühen 20. Jh., das dem damaligen Bürgermeister gehörte. Die beiden Ortsteile sind durch eine kleine Holzbrücke und eine Straße weiter oben verbunden. Sie überspannen den Barranco de Mogán.

Die Canarios nennen Puerto de Mogán ›**Klein Venedig**‹. Für sie ist das Dorf ebenso ein besonderes Ausflugsziel wie für ausländische Touristen. Rings um den Hafen haben sich viele Bars und Restaurants angesiedelt, die Atmosphäre ist gleichwohl recht friedlich. Wer hier Urlaub macht, sucht die Ruhe oder bereitet sich als Segler auf eine Atlantiküberquerung vor – und verewigt sich auf der teilweise bunt bemalten Kaimauer.

Freitags findet der **Wochenmarkt** (8–14 Uhr) mit kleinen Ständen auf dem Platz vor dem Hafen statt. Größere Stände stehen auf dem strandnahen Platz jenseits des *Barranco* (Brückenverbindung). Im Dorf selbst und den noch kleineren Vororten gibt es **Pensionen** und Privatunterkünfte. Letztere sind am besten in den

Die große Chance zum Untertauchen

Yellow Submarine

Nicht nur Kindern bereitet das Abtauchen Vergnügen. Im Hafen von Puerto de Mogán ist das gelbe **U-Boot** ›Yellow Submarine‹ stationiert, das während einer 40 Minuten dauernden Fahrt ein wenig vom Leben unter Wasser vermittelt. Zwar sind Flora und Fauna hier nicht über die Maßen aufregend, aber allein das Tauchen bereitet Vergnügen und einen gewissen Nervenkitzel.

Ein **Schiffswrack** dient als Hauptattraktion. Man sieht Seeigel und die verschiedensten Fische, darunter Barrakudas, kleine goldfarbene Julas mit schwarz gestreiften Schwänzen und silberne lange Bogas. Auch die Universität von Las Palmas bedient sich des U-Bootes, um mit seiner Hilfe die Meeresflora der Insel zu untersuchen und z. B. Algen anzusiedeln.

Buchen kann man eine Fahrt mit dem ›Yellow Submarine‹ entweder direkt am **Seglerkai** oder im Lokal Nr. 389 bei **Marketing y Reservas Undersea**, Tel. 928565108, www.atlantida-submarine.com. Von vielen anderen Badeorten des Südens gibt es einen kostenlosen Bustransfer.

Lokalen am Hafen zu erfragen. In den bei den Einwohnern beliebten **Fischrestaurants**, die oft ein, zwei Straßen hinter dem Hafen liegen, werben die *Padrones* mit dem Namen des Fischhändlers, der die frische Ware liefert.

Die Anlage ›Suite Princess‹ beherrscht mit ihrer Poollandschaft die Bucht von Taurito

i Praktische Hinweise

Hotels

******Cordial Mogán Playa**, Avenida Los Marrero 2, Puerto de Mogán, Tel. 928724100, www.cordialcanarias.com. Familienfreundliche Anlage in einem suptropischen Garten mit Kinderspielplatz, Pools und Restaurants.

*****Hotel Puerto de Mogán**, Puerto de Mogán s/n, Tel. 928565066, www.hotelpuertodemogan.com. Ein ›andalusisches‹ Hotel direkt am Jachthafen.

Restaurants

Bar Marina, direkt am Hafen, Puerto de Mogán, Tel. 928565095. Dieses Bar-Restaurant mit der langen Theke und den Lammspezialitäten gehört – unübersehbar – einem Iren. Auch Apartmentvermietung (So geschl.).

Cofradía de Pescadores, an der Fischermole, Puerto de Mogán, Tel. 928565321. Preiswertes, gutes Restaurant der Fischergenossenschaft.

La Caracola, Block 122/53, Puerto de Mogán, Tel. 928565486. Das deutsche Fischrestaurant mit seinem winzigen Speiseraum und lediglich vier Tischen ist berühmt. Die Preise sind gehoben (nur abends).

Orillas del Mar, Calle Antonio Navarro Godoy, Puerto de Mogán, Tel. 928565361.

Mogáns ältestes Fischlokal, abends manchmal Gitarrenmusik (Mi geschl). Der Freundliche Wirt vermittelt auch Ferienwohnungen (www.apartamantos elpteromar.com).

Tu Casa, Avenida de Las Artes 18, Playa de Mogán, Tel. 928 56 50 78. Angenehmes Café-Restaurant im edlen Herrenhaus am Sandstrand, mit Tischen im Freien und besonders schönen Gasträumen. Kanarische und internationale Küche, vor allem natürlich Fisch.

Wassersport

Sail & Surf Overschmidt, Apto. X-54, Puerto de Mogán, Tel. 928 56 52 92, www.segelschule-grancanaria.de. Segel- und Surfschule, Jachtsegeln, Tagestörns und Bootsverleih.

25 Taurito und Tauro

Sanfte Berge, kleine Buchten und das azurblaue Meer gaben den Anstoß zu ungezügeltem Bauboom.

Südlich von Puerto de Mogán [Nr. 24] beginnt eine endlos scheinende Reihe von Felsenbuchten, die mit Sandstränden aufgeschüttet und tief in die *Barrancos* hinein urbanisiert wurden. Die hohe Konzentration an riesigen Betonbauten irritiert so manches Betrachterauge. Doch in den meisten Ferienzentren wachsen üppige Gärten und hohe Bäume, die Balkone der Apartmenthäuser und Hotels sind großzügig bepflanzt.

Taurito

Von Puerto de Mogán schlängelt sich die GC-500 mühsam am Hang des 183 m hohen **Cruz de Piedra** hoch. **Taurito** (›Stierchen‹) heißt die nächste, allerdings völlig verbaute Bucht. Die Architektur mit ihren teils blauen Dachziegeln gibt sich einen andalusischen Anstrich.

Rechts und links der Straße erstrecken sich Hotelkomplexe und Apartments soweit das Auge reicht. Immerhin lockt hier ein **Sandstrand** mit vielfältigen Badefreuden. Die Berghänge zeigen interessante Formationen, hellen Muschelkalk mit schwarzem Vulkangestein. Diese Mischung entstand, weil sich die Insel hier teils aus dem Meer hob, teils Lava aus dem Inneren der Erde ausspuckte.

Hinter Taurito durchfährt man einen kurzen Tunnel, hinter dem eine Staubstraße rechts zu einem steinigen *Strand* führt. Zurück auf der GC-500 gibt der nächste Tunnel den Blick frei auf die hübsche Formation eines niedrigen Hügelrückens: ›Kamelkarawane‹ nennen sie die Touristiker, aber auf den Karten liest man **Los Frailes**, ›die Mönche‹. Man kann also seiner Fantasie freien Lauf lassen, was man darin erkennen möchte.

Tauro

In der Bucht von Tauro liegt die **Playa del Cura** mit der Apartmentanlage *Riviera* an einem zwar gräulichen, jedoch sauberen Naturstrand.

An den Hängen um die **Playa de Tauro** kleben Apartmenthäuser wie Schwalbennester dicht an dicht. Die kleine Kiesbucht direkt unterhalb der Straße verfügt über einen ebenfalls kleinen Bootshafen.

Im Hinterland besteht schon seit Jahren die Urbanisation **Tauro** mit Ferienhäusern hauptsächlich von Deutschen. Die Nachbar-Urbanisation, die sich links der Straße die Hänge hochzieht, heißt **Bahía Blanca**. Zu Fuß erreicht man von hier aus in ca. 10 Minuten den Strand von Puerto Rico.

i Praktische Hinweise

Hotels

****__Mogán Princess Apartsuite__, am Hang oberhalb der Hauptstraße, Tel. 928 56 60 40, www.princess-hotels.com. Große familienfreundliche Apartmentanlage oberhalb von Taurito, schöner Blick auf die Küste, 3 Pools.

****__Suite Princess__, Urbanisación Taurito, Tel. 928 56 50 03, www.princess-hotels.com. Elegantes Hotel in Hanglage mit großzügigen Suiten und schöner Badelandschaft um einen Pool oberhalb der Taurito-Bucht.

26 Puerto Rico

Der Wassersportort der Superlative zieht vor allem Jugendliche und Familien an.

Für Naturfreunde und -schützer ist Puerto Rico ein Graus, ein Dorado dagegen für **Wassersport-Fans** und junge Leute, die hier fast alles an Sport und Vergnügen vorfinden, was sie sich wünschen. Puerto Rico entstand in den 1970er-Jahren an diesem Küstenabschnitt in einem ersten Bauboom, üppige Bepflanzung mit Blumen und Bäumen verschleiert etwas die Masse von Apartmenthäusern und Hotels mit mehr als 20 000 Betten.

Oben: *In der geschützten Bucht von Puerto Rico ist ruhiges Strandvergnügen garantiert*
Unten: *Ein reiches Sportangebot über und unter Wasser sorgt für Abwechslung*

Der helle, breite **Sandstrand** vor dem großen Bootshafen ist voller Sonnenschirme und Liegen. Hufeisenförmig ist die Urbanisation in den *Barranco de Puerto Rico* hinein und den **Lomo de Jaboneros** hinaufgewachsen. Zu den Häusern führen scheinbar endlos lange Treppen oberhalb der Straße.

Ein Stück weiter östlich ist bereits der zweite Bootshafen entstanden, an dem auch die große Busstation liegt.

Nach Puerto Rico kommen die Gäste vor allem wegen des reichen Angebots an **Wassersportmöglichkeiten**: Schwimmen, Schnorcheln, Tauchen, Wasserski, Surfen, Segeln, Hochseefischen – alles was das Herz begehrt. Und wer eine Sportart erst erlernen möchte, dem stehen zahllose Kurse zur Verfügung. Ebenfalls üppig, wenn auch nicht von herausragender Qualität, ist die Zahl der Bars und Restaurants, doch ohnehin wohnen hier viele Urlauber in Apartments und versorgen sich selbst.

Patalavaca

Östlich von Puerto Rico folgt nach einem weiteren Tunnel schon die nächste Urbanisation: **Playa Balito** mit Steinstrand! Ein paar Camper stören sich nicht an dem harten Untergrund, Hauptsache, sie sind allein. Es folgt **Patalavaca**, wo Hotels und Apartments zwischen Küste – mit Sandstrand – und Straße, hauptsächlich in den niedrigeren Preiskategorien zur Verfügung stehen.

i Praktische Hinweise

Information

Información Turística, Avenida de Mogán s/n, Puerto Rico, Tel. 928 15 88 04, www.mogan.es

Wassersport

Sail & Surf Overschmidt, Puerto Rico, Tel. 928 56 52 92, www.segelschule-grancanaria.de. Segel- und Surfschule, Jachtsegeln, Tagestörns und Bootsverleih.

Hotel

******Gloria Palace Royal Hotel & Spa**, Playa Amadores, Puerto Rico, Tel. 928 12 86 40, www.gloriapalaceth.com. Aus Naturstein erbautes Hotel an der Steilküste zwischen dem Strand von Amadores und Puerto Rico mit grandiosen Ausblicken. Großzügige Zimmer und Suiten, Pools und Wellnesszentrum.

27 Arguineguin

Frischer Fisch und wenige Touristen.

Arguineguins Wahrzeichen ist eher markant als schön: Es ist der hohe Schornstein einer *Zementfabrik*. Jedoch konnte sich der 3000-Seelen-Ort trotz Hotels und Apartments Richtung Landstraße und trotz Restaurants am Meer im Wesentlichen den Charme eines Fischerortes bewahren, wenn auch die Preise dem Tourismus-Standard entsprechen.

Von Westen kommend und über eine schmale Promenade trifft man zuerst auf den **Fischereihafen**. Dessen Geschäftigkeit beweist, dass man mit dem Fischen um Gran Canaria doch noch sein Auskommen haben und sogar recht gut verdienen kann. Freilich reichen die Fangquoten normalerweise nicht, um alle Restaurants und Hotelküchen auf der Insel zu beliefern und es muss viel Fisch eingeführt werden. Wer richtig genießen möchte, muss schon ein Restaurant aufsuchen, das auf frischen Fang spezialisiert ist, und davon gibt es gerade in Arguineguin einige.

Auf der Rückseite des Hafens zieht sich die Meerespromenade um das kleine Kap herum. Unterhalb der ›Flaniermeile‹ laden am Wasser **Badeanstalten** mit einigen Restaurants und Cafés zum Verweilen ein. Wasser und Strand sind allerdings nicht die saubersten, denn nebenan legen im Fährhafen die großen Armas-Schiffe an. Ein Renner ist das Restaurant der Cofradía de Pescadroes (Genossenschaft der Fischer, s. u.) direkt an der Anlegestelle. Kenner suchen sich an der Theke gleich den Fisch aus, den sie zubereitet haben möchten.

Die meisten Häuser des Ortes sind eher gesichtslos, dafür aber geht es in den Gassen lebhaft zu – das ganz normale Leben eines geschäftigen Städtchens. Dienstags findet der **Wochenmarkt** (8–14 Uhr) statt, wie immer auf Gran Canaria nur bis zum frühen Nachmittag.

i Praktische Hinweise

Restaurants

Apollo XI, Playa de Arguineguin. Das Lokal oberhalb des Strandes serviert gute preiswerte Fischgerichte.

Casa de los Pescaitos, Arguineguin. *Mariscos*- und Fischrestaurant an der kleinen Sandbucht (Mi geschl.).

Cofradía de Pescadores, am Fährhafen, Arguineguin, Tel. 928 73 59 56. Das Restaurant der Fischergenossenschaft garantiert den ganzen Tag über frischen Fisch. (Mo geschl.).

Don Panchito/Los Antonios, Arguineguin. Grill-Restaurant am Pool mit Tanzbar an der Promenade.

28 Costa Canaria

Sonnenanbeter, Nachtschwärmer, Vergnügungssüchtige – alle treffen sich am kilometerlangen Sandstrand der sonnensicheren Touristenmagnete Las Meloneras, Maspalomas, Playa del Inglés und San Agustín.

Wer es entlang der Costa Canaria nicht eilig hat, kann statt der Autobahn die alte Landstraße GC-500 nehmen und auf der Fahrt reizvolle Ausblicke genießen: Östlich von Arguineguin beginnt die Straße

Die Fischer von Arguineguin betreiben ihr Handwerk nach wie vor mit Leib und Seele

Strandvergnügen und Naturschutz gehen an der Lagune La Charca Hand in Hand

nach etwa 3 km an der *Bahía de Santa Águeda* anzusteigen. Sie verläuft dann zwischen früheren Tomatenplantagen, die wie Denkmäler aus der agrarischen Vergangenheit der Region wirken. Der viele Sonnenschein war für den Anbau von Tomaten besonders günstig – wäre nicht die Mühsal der Bewässerung gewesen. In den 1960er-Jahren erkannte man, dass auch Touristen, vor allem aus den kühleren Ländern Europas, die Sonne lieben. Mit den Besuchern war leichter Geld zu verdienen als mit harter Landarbeit.

Heute sind die herrlich feinsandigen Strände und das Hinterland von Las Meloneras über Maspalomas bis San Agustín quasi durchgehend mit Bettenburgen und Apartmenthäusern verbaut. Aber wer hierher fährt, weiß das und es tut der Beliebtheit der Costa Canaria keinen Abbruch. Jährlich besuchen hunderttausende Touristen diese künstliche und teils skurrile Urlaubsoase.

Las Meloneras

Auf dem Weg von Westen nach Maspalomas kommt man an *Pasito Blanco* vorbei, einem feinen kleinen Jachthafen mit ebensolcher Urbanisation. Sie ist fremden Fahrzeugen verschlossen, doch zu Fuß kann man hineinschlendern. Dahinter beginnt die zum Teil aufgeschüttete **Playa** mit teils sandigen, teils steinigen Steinabschnitten, gefolgt von der steilen Costa Meloneras, die eigentlich einem künstlichen Sandstrand für die Erschließung von **Las Meloneras** weichen sollte, dem Parade-Ferienort westlich von Maspalomas. Stattdessen wurde aber als Anbindung eine breite **Promenade** zum Faro de Maspalomas geschaffen. So blieb die schöne dunkle Felsenküste erhalten, die auch ihre Fans hat! Die meist überdimensionalen Hotels und Apartmentanlagen (insgesamt für 20 000 Urlauber gedacht) besitzen ohnehin Pools. Eine riesige Menschenmenge bewegt sich täglich über die Promenade, viele zieht es zu den Dünen von Maspalomas jenseits des markanten Leuchtturms und der Charca.

La Charca

Der *Barranco de Fataga* endet in einer kleinen, von den Naturschützern hartnäckig behüteten **Lagune**, *Charco* oder *Charca* genannt. Nach früheren bauli-

Vom Sandmeer der Dünen von Maspalomas zu den Weiten des Atlantiks

chen Übergriffen gewinnt die jetzt eingezäunte Natur erneut die Oberhand, Schilf ist nachgewachsen, Wasservögel nisten wieder. Wenn die See allzu stürmisch wird, schwappt schon mal eine Welle in die Lagune mit ihrem süß-salzigen Wasser über – oder der Priel schwillt so an, dass man nicht mehr trockenen Fußes zum langen Strand vor den Dünen von Maspalomas und weiter nach Playa del Inglés laufen kann.

Maspalomas, Playa del Inglés und San Agustín

Der *Faro de Maspalomas* [s. S. 83] markiert den westlichen Anfang der eigentlichen Costa Canaria. Hier sieht man zum ersten Mal die berühmten **Dünen von Maspalomas**. Sie ziehen sich mehr als 4 km auf 250 ha Fläche hin. Ein Teil ist als Naturschutzgebiet ausgewiesen und darf nicht betreten werden. Die ausgedehnte Sandlandschaft mit dem Wüstenflair läuft zum Meer hin flach aus. Ideale Bedingungen für einen Strandurlaub! Dahinter beginnt die ›alte‹, dreigeteilte **Urlaubsstadt**, in den 1960er-Jahren aus dem Boden gestampft: Maspalomas westlich der Dünen, östlich davon **Playa del Inglés** als der Inbegriff einer Urlaubsstadt auf den Kanaren – darüber entstand San Fernando als Wohnort vieler Familien, die vom Tourismus leben – und schließlich **San Agustín**. Der rund 10 km lange Strandabschnitt zwischen Maspalomas und Playa del Inglés kann zur Hauptsaison auf seiner gesamten Länge dicht gedrängt voller Menschen sein. Der flach abfallende und feinsandige Strand von Playa del Inglés ist ideal für Familien mit Kindern und weniger geübte Schwimmer. Seine Fortsetzung bildet der kleine Sandstrand von San Agustín mit seinen vielen Apartmenthäusern im Hintergrund.

Das touristische Angebot dieser Freizeitzentren beinhaltet nicht nur Hotels, Apartmenthäuser und Ferienvillen aller Kategorien sowie Strandvergnügen, sondern auch Golfplätze, riesige Supermärkte, Restaurants, Casino, Diskotheken, Sporteinrichtungen, ein Kongresszentrum etc.

Eine bei Familien sehr beliebte Attraktion ist im *Cañon del Aguila* 1,5 km nordöstlich von San Agustín die Westernstadt **Sioux City** (Abzweigung von der GC-500, Tel. 928 76 29 82, www.siouxcity.es, Di–So 10–17 Uhr). Vor allem die Reitshows, bei

welchen Indianer und Cowboys in der staubigen Hauptstraße des nachgebauten Wildwest-Städtchens ihre Kunststücke auf dem Rücken der Pferde vorführen, sind von hohem Reiz. Als besonderes Vergnügen wird – meistens freitags ab 20 Uhr – Barbecue-Dinner geboten. Da bleibt niemand hungrig und keine Kehle trocken, vor allem weil die Getränke im Preis inbegriffen sind.

Ausflüge

Die Costa Canaria eignet sich hervorragend als Startpunkt zu verschiedenen Sehenswürdigkeiten im Südteil der Insel und sogar ins Zentrum mit Tejeda [Nr. 40] und dem inselhöchsten Berg Pozo de las Nieves [Nr. 38]. Aber auch ein Tagesausflug nach Las Palmas de Gran Canaria [Nr. 1] lässt sich leicht durchführen: Die Fahrt über die Autobahn dauert weniger

Pulverdampf und Reiterspiele lassen in Sioux City den Wilden Westen lebendig werden

Im Einkaufs- und Vergnügungszentrum ›Cita‹ ist Tag und Nacht jede Menge geboten

als eine Stunde und die Busse zwischen Maspalomas bzw. Playa del Inglés und der Hauptstadt fahren häufig.

Das Gebiet an der nahen Ostküste zwischen der *Punta del Tarajalillo* [s. S. 110] und dem etwa 10 km nordöstlich gelegenen *Pozo Izquierdo* gilt als das beste **Surfrevier** Gran Canarias. Im Juli starten die Könner zu den Weltmeisterschaften von hier nach Teneriffa.

i Praktische Hinweise

Information

Oficina de Información Turística Centro Insular de Turismo, Avenida España/ Ecke Avenida Estados Unidos, beim Yumbo-Centrum, Tel. 928 77 15 50, www.maspalomas.com (für alle Infostellen)

Oficina de Información Turística Anexo II, Paseo Marítimo, C.C. Anexo II, Local 20, Playa del Inglés, Tel. 928 76 84 09

Oficina de Información Turística de las Dunas, Avenida de Tirajana, beim Hotel RIU Palace Maspalomas, Playa del Inglés, Tel. 928 76 52 42

Oficina de Información Turística Mirador del Golf, Avenida Turoperator TUI (Campo Internacional), Tel. 928 76 95 85

Einkaufen

Die großen Einkaufszentren (*Centros Comerciales*) bieten alles, was man braucht oder sich wünscht, aber auch viel billige Massenware. Integriert sind Bars, Restaurants, Diskotheken und Kinos. Die wichtigsten Einkaufsmöglichkeiten der Costa Canaria sind:

Cita, Avenida de Alemania s/n, Playa del Inglés, www.cc-cita.com

Gran Chaparral, Avenida de Gran Canaria, Playa del Inglés

Kasbah, Avenida de Tenerife, Playa del Inglés. Das *Centro Comercial* mit dem wohl größten Trubel, auch spätabends/ nachts, mit Diskotheken, Pubs und Spielhallen.

Varadero, Maspalomas-Meloneras, beim Faro direkt am Meer. Viele Läden mit Designermode, nach dem Shoppingbummel laden zahlreiche Restaurants zum Verweilen.

Yumbo Centrum, Avenida Estados Unidos, Playa del Inglés, www.cc-yumbo.com. Abends u.a. Treff der Schwulenszene.

Wochenmarkt in San Fernando, Playa del Inglés, Mi und Sa 8–14 Uhr. Der Markt eignet sich bestens, um frisches Obst und Gemüse, aber auch Kunsthandwerk und andere Souvenirs zu erstehen.

Nachtleben

Casino Tamarindos, Calle Las Retamas 3, San Agustín, Tel. 928 76 27 24, www.casinotamarindos.es. Spielcasino im gleichnamigen Hotel, Dinner-Shows mit internationalen Künstlern (Sa–Do 21–2 Uhr).

Garage, Playa del Inglés. Das Disko-Pub im Einkaufszentrum Kasbah ist Ziel eines gemischten Publikums und insbesondere bei deutschen Urlaubern sehr beliebt.

Heaven, im Einkaufszentrum Yumbo, Playa del Inglés. Gay-Disko mit vielen Festen und Events.

Pacha, Playa del Inglés, Disko-Pub gegenüber dem Shopping-Center Kasbah, auch bei Spaniern sehr beliebt (älteres Publikum).

Hotels

*******Palm Beach**, Maspalomas, Tel. 928 72 10 32, www.hotel-palm-beach.de. Luxuriöses Designhotel direkt am Strand und nahe den Dünen, Pool im schattigen Garten, komfortable Zimmer, drei Restaurants (am Abend elegante Garderobe erwünscht). Kinderklub, Wellness- und Spa-Zentrum.

*******Seaside Grand Hotel Residencia**, Avenida del Oasis 32, Maspalomas, Tel. 928 72 31 00, www.grand-hotel-residencia.de. Das super-feine Hotel im Hacienda-Look liegt unweit des Strandes. Ein kuscheliges Spa und intime Atmosphäre sowie ein Spezialitätenrestaurant bieten Luxus pur.

******Barceló Las Margaritas**, Avenida Gran Canaria 40, Playa del Inglés, Tel. 928 76 11 12, www.barcelomargaritas.com. Familienfreundliche Anlage mit Bus-Shuttle zu den Stränden von Playa del Inglés und Maspalomas.

******IFA-Hotel Faro Maspalomas**, Maspalomas, Tel. 928 14 22 14, www.ifahotels.com. Komfortables Hotel nahe beim Leuchtturm. Pool im Garten, Sonnendecks am eigenen Felsstrand mit Strandservice. Mittags frische Fischgerichte am Pool, abends gehobene Küche im Restaurant.

TOP TIPP ******Lopesan Costa Meloneras Resort, Spa & Casino**, Las Meloneras, Tel. 928 12 81 00, www.lopesan.com. Das luxuriöseste Hotel an der Urlaubsküste von Las Meloneras ist eine architektonisch gelungene Verbindung zwischen kanarischer Tradition und Moderne auf mehr als 76 000 m². Die Anlage öffnet sich mit einer grandiosen Pool-Landschaft zur Promenade und zur Felsenküste.

******San Agustín Beach Club,** Plaza de los Doctores 2, San Agustín, Tel.

Faro de Maspalomas

Obwohl man ihn nicht besteigen kann, kommt kein Besucher der Costa Canaria an ihm vorbei: Unübersehbar ragt der Leuchtturm 60 m über den Dünen von Maspalomas auf, 268 Stufen führen hinauf. »Der Faro de Maspalomas ist das erste Licht, das die Seeleute sehen, wenn sie aus Südamerika und Südafrika kommen«, meinte stolz der letzte ›**Vater des Leuchtturms**‹, Francisco Garcia Castillón. Mit seiner Pensionierung hielt auch die Vollautomatisierung Einzug.

Wegweiser zu Lande und zu Wasser: der Leuchtturm von Maspalomas

Bereits 1861 wurde ein Leuchtturm an dieser Stelle ganz im Süden der Insel geplant. Doch erst 1886 konnte nach den Plänen von Juan de León y Castillo [s. S. 120] mit der Grundsteinlegung begonnen werden. Mangels Straßen wurde das Baumaterial von Las Palmas in Booten hierher transportiert und an der speziell dafür errichteten Mole abgeladen. Das war nur bei ruhiger See möglich, was die Bauzeit von vier Jahren erklärt: Am 1. Februar 1890 strahlte erstmals das Licht des Faro de Maspalomas aufs Meer hinaus. 1967 wurde der Turm elektrifiziert. Zweimal 1000 Watt weisen nun den sicheren Weg.

Insgesamt stehen **sechs Leuchttürme** auf Gran Canaria, vier davon stammen aus dem 19. Jh.: im Nordwesten auf der Isleta von Las Palmas, an der Punta de Tallarte/Merenara (seit 1994), an der Ostküste in Arinaga, im Südwesten an der Punta del Castillete (seit 1996), in Sardina ganz im Nordwesten und eben in Maspalomas ganz im Süden der Insel. Eines Tages sollen alle Türme mit Solarstrom betrieben werden.

928 77 16 40, www.luishoteles.com. Luxuriöses Hotel oberhalb des Strandes, eines der exklusivsten Häuser in diesem Strandabschnitt der Costa Canaria.

******Seaside Sandy Beach**, Avenida Menceyes, Playa del Inglés, Tel. 928 72 40 00, www.hotel-sandy-beach.de. Modernes Haus 300 m vom Strand mit großem Unterhaltungsprogramm, Pool mit Wasserfall, Kinderbetreuung, Spa-Abteilung.

*****Santa Monica**, Paeso Costa Canaria 116, Playa del Inglés, Tel. 928 77 24 55, www.apartamentossantamonica.com. Apartment-Hotelanlage direkt am langen Sandstrand.

****Ecuador**, Calle Roma 19, Playa del Inglés, Tel. 928 77 38 92, www.apartamentosecuador.net. Apartmenthotel in ruhiger Lage nahe des Einkaufszentrums Cita.

Restaurants

El Velero – Casa Antonio, Centro Comercial Oasis, Local 32, Maspalomas, Tel. 928 14 11 53. Beliebtes Fischlokal in einer Art Wintergarten direkt am Meer.

La Casa Vieja, Carretera de Fataga 139, El Lomo, Playa del Inglés, Tel. 928 76 27 36. Großes, sehr populäres und seit Jahrzehnten hervorragendes Gartenlokal mit Grillspezialitäten (Fisch, Fleisch und Gemüse). Hier trifft man eher Einheimische aus San Fernando als Touristen.

Las Cumbres – Mesón del Cordero, Avenida de Tirajana 11, Playa del Inglés, Tel. 928 76 09 41. Kleines Lokal unterhalb der Hauptstraße mit Lammspezialitäten.

Las Rias, Bajas, C.C. Varadero, Local 173/174, Maspalomas, Tel. 928 14 00 62, www.las-rias-maspalomas.com. Spezialitäten sind hier Fisch und Meeresfrüchte.

Los Porches, Avenida Alemania 16, Playa del Inglés, Tel. 928 76 04 67. Einfaches Restaurant, spanische Küche.

Rustico, Avenida Neckermann 42, am Golfplatz von Maspalomas, Tel. 928 76 95 44. Renommiertes, stylishes Lokal mit kanarisch-internationaler Küche.

Salsete, Calle Secundido Delgado, Edificio Jovimar, San Fernando, Maspalomas, Tel. 928 77 82 55, www.elsalsete.com. Gemütliches und von Einheimischen bevorzugtes Restaurant mit perfekter kanarischer Küche.

Mega-Auge rettet Leben

Mit ihren gigantischen Ausmaßen wahre Landmarken sind die beiden **Parabolspiegel** an der GC-500 westlich von Maspalomas, nahe dem Kreisverkehr von *Pasito Blanco*. 1960, als Maspalomas noch seinen Wüstenschlaf hielt, baute die **NASA** hier eine Kommunikationsstation für das Weltraumprojekt Gemini. Zu ihren Aufgaben zählte etwa die Gesprächsverbindung zur Mondfähre Apollo. Als die NASA jedoch 1975 ihr Programm reduzierte, wurde Maspalomas geschlossen. Fünf Jahre später aber ging die Station wieder ans Netz, jetzt als Teil des spanischen Instituts für Luft- und Raumfahrttechnologie **INTA** (Instituto Nacional de Técnica Aerospacial).

Eine der wichtigsten und schönsten Aufgaben für die hier beschäftigten Space-Ingenieure ist seit 1983 der Kontakt zu mittlerweile acht im Orbit kreisenden Erdbeobachtungssatelliten. Die Weltraum-Trabanten empfangen Signale von verunglückten oder in Not geratenen Schiffen, Flugzeugen und Landfahrzeugen, falls diese mit einem Transmitter ausgestattet sind. Aus dem All werden die Funkwellen u.a. nach Maspalomas gesendet, wo die Meldung dechiffriert, der Unfallort in kürzester Zeit geortet und Hilfe geschickt wird. Viele Tausend Menschenleben konnten auf diese Weise weltweit bereits gerettet werden – allein das Mega-Auge von Maspalomas hat einen Radius von 3000 km: vom Norden Irlands bis zum Äquator, von Brasilien über den ganzen Atlantik bis nach Europa.

Ein technologischer Traum der kanarischen Weltraum-Ingenieure erfüllte sich am 21. April 1997. An diesem Tag schickte die INTA den ersten allein von Spanien entwickelten Satelliten **›Minisat 01‹** von Gran Canaria aus ins All.

Spaziergang mit Wüstengefühlen: zwischen eindrucksvollen Kakteen im Palmitos Park

29 Palmitos Park und Aqualand

Großer Spaß für Jung und Alt: Palmenoase als Papageienheimat und Freizeitvergnügen im Wasserpark.

Von der Costa Canaria führt bei El Tablero der **Barranco de Chamoriscán**, auch Tal von Palmitos genannt, nach Norden. Die meisten Besitzer kleiner Plantagen mit Papaya- und Mangopflanzungen sind heute Landwirte nur noch im Nebenerwerb. Hauptsächlich verdienen sie ihr Geld mit dem Tourismus.

Palmitos Park

Einer der beliebtesten Ausflüge von der Costa Canaria führt rund 12 km den *Barranco* hinauf zum Palmitos Park (www.palmitospark.es, tgl. 10–18 Uhr). Im Jahr 2007 zerstörte eine Feuersbrunst weite Teile des Parks mit mehr als 1000 Palmen auf 200 000 m² und tötete viele Tiere. Inzwischen ist der Wiederaufbau der Anlage abgeschlossen und der Park um einige Attraktionen reicher. Gut 1500 exotische Vögel (230 Arten) fliegen frei oder in Volieren herum. Es gibt einen fantasievollen Kakteengarten, viele hochstämmige Agaven sowie ein Orchideenhaus mit 500 m² Fläche und besonders schönen Blumen. Neu sind die Delfin-Arena (Shows tgl. 11 und 16 Uhr) und ein Aquarium mit buntem Korallenriff sowie Reptilien.

Aqualand

Eine weitere Attraktion des Tales, die ebenfalls einen Besuch lohnt, ist der *Wasserpark Aqualand* (www.aqualand.es, Juli/Aug. tgl. 10–18, sonst bis 17 Uhr) an der Carretera Palmitos Park bei km 3. Auf insgesamt 90 000 m² breitet sich hier eine großzügige Freizeitlandschaft aus. Vor allem die 5300 m² Wasserfläche mit mehreren Pools, Wellenschwimmbad und künstlichem Fluss sorgen für jede Menge Spaß. Nicht nur die Kinder sind von den

Kunterbunter Wasserspaß ist im Aqualand das Motto für die ganze Familie

33 Rutschbahnen – im Wasser und zu Lande – begeistert. Die Anlage wartet außerdem mit Sonnenliegen, Schnellimbiss, einem Selbstbedienungsrestaurant und Souvenirladen auf.

i Praktische Hinweise

Restaurant

La Cabañita Park, Carretera Palmitos Park 10, Los Palmitos, Tel. 928 14 32 35, www.lacabanitapark.com. Gemütliches Landlokal mit fast tropischem Garten auf dem Weg zum Palmitos Park. Do und Sa 20–22.30 Uhr kanarische Live-Musik.

30 Barranco de Ayagaures

Bei Radlern beliebte, landschaftlich reizvolle Schlucht mit kleinem Bergweiler, zwei Stauseen und Kunstpark.

Der wegen seiner üppigen Vegetation reizvolle Barranco erstreckt sich östlich des Palmitos-Tals und lässt sich ebenfalls bequem von El Tablero [s. S. 85] aus ansteuern. Die schmale, gut ausgebaute Straße führt westlich des Bergzuges *Llano de la Gorra* zwischen blühenden Gärten sanft bergan, stets zur Seite eines kleinen Bachs. Die Strecke ist auch beliebt bei Radlern, die hier am Wegesrand jeweils Angaben zu Steigung und Routenlänge finden.

Rund 7 km nördlich von El Tablero lohnt sich ein Stopp an dem botanischen Garten und Skulpturenpark **Montecristo de Gran Canaria** (Tel. 928 144 032, www.guymartininternational.com, Mitte Sept.–Mitte Juni geschl.), den der Künstler *Guy Martin* auf einer Fläche von 40 000 m² angelegt hat. Seine figürlichen Kreationen und architektonischen Konstruktionen bieten interessante Blickpunkte zwischen Obstgehölzen, Kakteengärten und von Wasserpflanzen umrankten Teichen. Die Anlage ist ausgestattet mit Restaurant, Cocktailbar und Seminarräumen, in welchen Workshops und Ausstellungen stattfinden.

Am Ende des Barranco erreicht die Straße das Dörfchen **Ayagaures** unterhalb der beiden Stauseen *Embalse de Ayagaures*, der den Bach des Tals speist, und des *Embalse de Gambuesa*.

Vor der kleinen Berufsschule von Ayagaures steigt die schmale Straße links abrupt steil an, macht einen Knick nach Südwesten und kommt zu einem **Aussichtspunkt**, der ein großartiges Panorama über das tief darunter liegende Tal bietet: rückwärts auf den Stausee von Ayagaures, links weit hinein in das Tal von Los Palmitos.

Ein Abstecher führt über eine Staubpiste (über den Staudamm zu erreichen) in luftigen Bergeshöhen zum **Barranco de los Vicentes** östlich des *Llano de la Gorra*. Zurück zum Ausgangspunkt geht es an einigen großen, recht noblen *Fincas* vorbei und durch das nette Villenviertel *Montaña la Data*, das auf einem schmalen Grat liegt.

Zurück zu den Wurzeln – nachgestelltes Guanchen-Leben im Mundo Aborigen

Ruhe und Frieden strahlen die weiß schimmernden Häuser von Fataga aus

31 Mundo Aborigen und Parque Arqueológico de Arteara

Eine Reise zum Ursprung der Canarios bieten das als altkanarisches Dorf errichtete Freilichtmuseum und der nahe Archäologische Park.

Der **Barranco de Fataga**, der sich nördlich von Maspalomas [Nr. 28] weit ins Inselinnere hinein erstreckt, ist wegen seiner beeindruckenden Landschaft ein beliebtes Ausflugsziel. In engen Haarnadelkurven, die gute Nerven und fahrerisches Geschick erfordern, führt die Landstraße GC-60 zunächst an einem Bachlauf entlang durch das Schluchtental und steigt dann steil an.

Etwa 6 km nördlich der Umgehungsstraße von Playa del Inglés wehen linker Hand die bunten Fahnen vor der Natursteinmauer des Freilichtmuseums **Mundo Aborigen** (www.mundoaborigen.com, tgl. 9–18 Uhr, vier Mal tgl. Busverbindungen mit Playa del Inglés). Auf mehr als 110 000 m² Fläche wurde hier ein altkanarisches Dorf in Originalgröße aufgebaut, bevölkert mit Menschen- und Tierfiguren aus Plastik, Stroh und Stoffen. Das Ganze gleicht einem lehrreich inszenierten Wachsfigurenkabinett. Auch die *Pflanzenwelt* und ihre Nutzung durch die Altkanarier wird dargestellt, ebenso die damaligen *Handwerkszweige*: Zimmerei, Töpferei, Korbflechterei und Kürschnerei. Die Informationstafeln zur Geschichte der Insel sind mehrsprachig, auch auf Deutsch. **Ruhezonen** und Bars mit Erfrischungen ermöglichen einen längeren Aufenthalt.

Etwa 3 km weiter nördlich, vor dem Ortseingang von Arteara, befindet sich der **Parque Arqueológico de Arteara**. Er erschließt eine vorgeschichtliche Nekropole mit über 1000 Hügelgräbern, darunter auch das ›Königsgrab‹ eines altkanarischen Herrschers. Im *Ausstellungszentrum* (derzeit geschl.) erhalten Besucher ausführliche Informationen über die archäologische Anlage. Anschließend können sie Abschnitte des 2 km langen und 1 km breiten Areals erwandern.

32 Fataga

TOP TIPP

Wunderschön liegt das kleine Dorf in einer Palmenoase, die höchsten Berge der Insel als Kulisse.

Das Bergdorf Fataga präsentiert sich als ein charmantes Ensemble balkongeschmückter Häuser im kanarischen Stil. Mittelpunkt ist die Straßenkreuzung im Bergsattel, an der auch Bars und Restau-

Nach oben nur Berge und Himmel, unter Santa Lucía der ganze grüne Talkessel

rants zu finden sind. Von dort aus zieht sich der Ort den *Barranco* entlang den Hang weiter hinauf.

Links hinter dem *Kirchlein* liegt der verwinkelte alte Dorfkern, der nur für Fußgänger zugänglich ist. Eine schmale Kieselsteingasse, die Calle Maria del Pilar, führt von der Kirche links hinunter. Gleich

Das Museo Castillo de la Fortaleza zeigt die mühsame Handarbeit der Purpurgewinnung

rechts befindet sich ein kleiner Waschplatz am Hang. Die Steinhäuser sind weiß getüncht, manchmal wurden die großen Natursteine quasi als Dekoration ausgespart. In den kleinen Gärten wachsen Avocados, Mispeln und Orangen. Die Innenhöfe sind üppig mit bunten Blumen geschmückt, die braunen Türen und Fensterläden harmonieren wunderbar mit den roten Ziegeldächern.

Ein interessantes Ziel für Kunstfreunde ist am höchsten Punkt Fatagas die **Galeria de Arte** des deutschen Künstlers Friedhelm Berghorn (* 1942). Neben seinen eigenen abstrakten Werken präsentiert er auch Skulpturen des Bildhauers Lutz Ackermann (* 1941). Steil in Serpentinen abwärts geht es dann über die Calle la Montañela, an der sich die **Casa Estudio** (Tel. 928 36 71 27, www.luismontell.com) des vielseitigen Künstlers Luis Montull (* 1934) befindet. Neben expressiven Zeichnungen und Ölgemälden sind vor allem die monumentalen Skulpturen beachtlich, die auf Gran Canaria vielerorts Blickpunkt zentraler Plätze sind.

i Praktische Hinweise

Kamelsafaris

Manolo (Tel. 928 35 22 22) und **La Baranda** (Tel. 928 79 86 80) heißen die beiden Kamelfarmen zwischen Arteara und Fataga. Jeweils ganztags geöffnet.

Restaurants

El Albaricoque, Calle Nestor Álamo 4/6, Fataga, www.restaurantealbaricoque.com, Tel. 928 79 86 56. Freundliches Terrassen-Restaurant mit Talblick und preiswerter kanarischer Küche.

El Labrador, gegenüber der Kirche, Fataga, Tel. 928 79 85 50. Bar-Restaurant mit Tapas und kanarischen Gerichten.

Molino de Agua, GC-60 km 31, Fataga, Tel. 928 15 59 25, www.elmolinodeagua.com. Gutes kanarisches Restaurant auf einem restaurierten Landgut mitten in einer blühenden Oase mit einigen einfachen Zimmern und einladendem Pool, im Hintergrund liegen Abenteuerpark und Tiergehege. Das Anwesen besitzt eine eigene Obst- und Gemüseplantage.

33 Santa Lucía de Tirajana

TOP TIPP *Die wild-romantische Lage macht das hübsche, palmengrüne Dorf zu etwas Besonderem, vom Privatmuseum ganz zu schweigen.*

Santa Lucía de Tirajana liegt 701 m hoch am Rand des *Barranco de Tirajana*. Der malerische Ort hat mit dem **Pozo de las Nieves** (1949 m) und dem **Cruz del Saucillo** (1800 m) zwei der höchsten Berge der Insel im Rücken und blickt auf die **Caldera de Tirajana**: eine hinreißend schöne Kulisse! Die blühende Gartenlandschaft ringsum zeugt vom Fleiß der Einwohner, ebenso die Neubauten mehrerer Restaurants und des Rathauses mit Stadtpark. Zentraler Blickpunkt ist die 1525 geweihte Pfarrkirche **Santa Lucía**, deren heutige eklektisch-neoklassizistische Erscheinung mit runder Kuppel auf Veränderungen des frühen 20. Jh. zurückgeht.

Historische Berühmtheit genießt der Ort durch die nahegelegene Höhlenfestung *Fortaleza de Ansite* [Nr. 34], in welche sich die Altkanarier auf der Flucht vor den Spaniern zurückzogen und wo diese am 29. April 1483 erklärten, dass Gran Canaria von nun an zum Königreich Kastilien gehöre. Der Entdecker der Anlage und frühere Bürgermeister des Ortes, Vicente Sánchez Araña, errichtete in Santa Lucía TOP TIPP in Form einer grandiosen Fantasie-Festung das **Museo Castillo de la Fortaleza** (Calle Vicente Sánchez de Araña s/n, Mo–Fr 10.30–17.30, Sa/So 11.30–17.30 Uhr). Sein Schwerpunkt sind die archäologischen Funde rund um die Fortaleza de Ansite. Zudem sind Kunsthandwerk aus dem 19. Jh., Handwerkstechniken wie das Mahlen der Orseille zur Gewinnung des Farbstoffes Purpur und Bilder zeitgenössischer kanarischer Künstler zu sehen. Zu einer botanischen Erkundungstour lädt der Garten des Museums ein: Neben der heimischen Flora kann man hier Obstbäume aus verschiedenen Regionen der Welt kennen lernen.

i Praktische Hinweise

Restaurant

Hao, Museo Castillo de Fortaleza, Santa Lucía de Tirajana, Tel. 928 79 80 07. Typisches Ausflugslokal im schattigen Garten des Museums. Serviert werden Inselspezialitäten; meist bis spätnachmittags geöffnet.

34 Fortaleza de Ansite

Am Rand des wilden Barranco de Tirajana ragt der Fels von Ansite, die letzte Bastion des altkanarischen Widerstandes gegen die Spanier, empor.

Schon von weitem ist rund 4 km südöstlich von Santa Lucía die zackige TOP TIPP **Fortaleza de Ansite** zu erkennen, eine vulkanische Felsformation mit zahlreichen Höhlen, die den Altkanariern als Wohnräume aber auch als Begräbnisstätten dienten.

Früher wie heute Versammlungsplatz von Inselbewohnern: die Fortaleza de Ansite

Fernblick vom Pozo de las Nieves: San Bartolomé de Tirajana und Caldera de Tejeda

Eine 4 km lange asphaltierte Straße führt von der Landstraße am Friedhof vorbei abwärts in den *Barranco de Tirajana*, an dessen Rand der historische Fels aufragt. Von einem Parkplatz, der den Canarios heute als Fest- und Versammlungsort dient, muss man zu Fuß noch wenige Meter nach oben steigen – und schon steht man in einer großen, zu einem natürlichen Tunnel geöffneten **Grotte**. Hier fand Vicente Sánchez Araña die meisten Schätze seines Museums (s. o.). Er erkannte auch die Bedeutung des Platzes als eine der letzten Bastionen des **Widerstandes** der Altkanarier gegen die spanische Übermacht. Mehr als 1600 Menschen sollen sich 1483 hierher geflüchtet haben. Die Spanier schickten als Vermittler den inzwischen getauften Don Fernando Guanarteme, der früher Guanchen-König von Gáldar gewesen war. Die Belagerten glaubten seinen Versprechungen und gaben auf. Sie schworen, den christlichen Glauben anzunehmen und der kastilischen Krone treu zu sein. Alle leisteten diesen Eid – bis auf zwei. Diese beiden altkanarischen Anführer stürzten sich der Legende nach lieber vom Felsen der Fortaleza in die Tiefe, als sich den Spaniern zu ergeben. Eine **Gedenkfeier** erinnert an jedem 29. April an jenen Tag und die beiden unbeugsamen Krieger. Für die heutigen Anhänger der Loslösung der Kanaren von Madrid ist dies auch willkommener Anlass, ihr Anliegen wiederholt zu Gehör zu bringen.

i Praktische Hinweise

Restaurant

El Alpendre, La Sorrueda, Tel. 928 79 84 49. Auf dem Weg zur Fortaleza de Ansite liegt das hübsche, kleine Restaurant mit Terrasse. Serviert werden vor allem Fleischgerichte (bis ca. 17 Uhr geöffnet).

Bergauf, bergab – das Dorf Temisas schmiegt sich eng an den Hang des Teheral

35 Temisas

Das hübsche Dorf besticht vor allem durch seine Lage an der Nordflanke des 901 m hohen Teheral.

Nähert man sich Temisas von Westen, durchquert man eine karge, rötlich leuchtende **Basaltwüste**, zunehmend aufgelockert durch alte, nicht mehr bestellte Tomatenterrassen an den Hängen und Öffnungen von Höhlen in den Felswänden. Wolfsmilchgewächse gedeihen hier zu Prachtexemplaren, Agavenblüten ragen steil in den Himmel, Feigenkakteen bedecken größere Flächen. Wie ein Amphitheater öffnet sich dann unvermittelt die *Caldera* und macht an ihren Hängen Platz für Temisas.

Das Dorf liegt unterhalb der Straße auf 775 m Höhe und in prächtiger Südlage. Terrassen, Palmen, riesige alte Olivenbäume, weiße Häuschen, schwarze und rote Basaltfelsen – im Zusammenklang ein harmonisches Bild. Das weiße Kirchlein von Temisas trägt auf dem Dach einen winzigen offenen Glockenstuhl. Weiter oben ducken sich die Wohnhäuser eng zusammen, ein paar von ihnen werden vermietet. Da die Straße im oberen Dorfteil endet und es nur wenig Platz zum Wenden gibt, sollte man den schönen Ort lieber zu Fuß erkunden.

36 San Bartolomé de Tirajana

Hübscher Verwaltungssitz der größten Gemeinde der Insel, zu der auch die Ferienorte der Costa Canaria gehören.

Zusammen mit Santa Lucía [Nr. 33] beherrscht San Bartolomé de Tirajana in 850 m Höhe die **Caldera de Tirajana**. Mit 23 km Durchmesser ist dieser Talkessel nach dem von Tejeda [Nr. 40] der zweitgrößte Gran Canarias, gerahmt von den höchsten Gipfeln der Insel.

Das im Kern nur 600 Einwohner zählende San Bartolomé thront auf einem Felsgrat der Caldera. Von Süden kommend führt im Ort eine steile Straße links hoch zum **Mirador**. Der Aussichtspunkt gewährt einen überwältigenden Blick in die gigantische Caldera, den eingebrochenen Krater von Tirajana. Da San Barto-

Pistenfahrt von den Bergen ans Meer

Die Route von **San Bartolomé de Tirajana** [Nr. 36] nach **Maspalomas** [Nr. 28] abseits der Hauptstraßen hat wegen ihrer grandiosen Ausblicke auf hinreißende Landschaften einen hohen Reiz, verlangt jedoch streckenweise großes fahrerisches Geschick und Nervenstärke. Ein Jeep mit Allradantrieb eignet sich für diese Tour am besten

Am **Cruz Grande**, etwa 5 km westlich von San Bartolomé, öffnet sich der Blick nach Westen Richtung Stau-seen. Bald danach biegt eine schmale Straße links ab, ein Schild weist zum **Embalse de Chira**. Rund 6 km geht es auf perfekter schmaler Asphaltstraße abwärts vorbei an den Ruinen der **Ermita de Santiago** bis zum Chira-Stausee (auch Pressa de Chira genannt). Hier ist oft viel los, denn das relativ gut zu erreichende Gewässer ist Ziel zahlreicher Wochenendausflügler. Auch Karpfenangler aus allen Herren Ländern geben sich hier gern ein Stelldichein und hoffen auf ›dicke Fische‹. Zwei Lokale in **Los Cercados**, dem kleinen Ort am See, bieten dann gegrillte Hähnchen am laufenden Band an. Am südwestlichen Ende des Stausees genießen Kinder und Teenager die Freiheit von Schule und Elternhaus in der Jugendherberge **Albergue de Chira** direkt oberhalb der Staumauer.

Hier hört die Asphaltstraße auf und eine der **abenteuerlichsten Pisten** der gesamten Insel beginnt. Bis Maspalomas fährt man ca. 35 km, braucht dafür jedoch bestimmt zwei Stunden, mit Picknick natürlich länger – das herrliche Panorama und die reiche Pflanzenwelt entlang der Strecke wollen genossen sein.

Lange folgt die Piste einer Wasserleitung, die aus einer Galleria im Berg kommt und schön restauriert wurde. Fast durchgehend fährt man auf halber Höhe des **Barranco del Negro** entlang. Schon ziemlich bald sieht man ganz weit unten die Zementfabrik von Arguineguin [Nr. 27]. Rechts weitet sich vor der Küste ein grünes Tal, links stehen steile Basaltwände voller Echium. Agaven mit hohen Blütenständen setzen hübsche Akzente, und würzig duftet dickfleischiger Salbei.

Bald sieht man die große Halbinsel von Maspalomas [s. S. 80] unten vor sich ausgebreitet wie auf einer Landkarte: Ganz deutlich ist die dichte Bebauung von Playa del Inglés auszumachen, hinter den Dünen rechts liegen Maspalomas und Arguineguin.

Die Piste endet 11 km vom Staudamm entfernt im **Barrio Los Lomos**, wo die Asphaltstraße wieder beginnt. Vereinzelt stehen hier noch ein paar Kandelaber-Euphorbien und Tabaiba als letzte Zeichen der herrlich wilden, grancanarischen Natur – und schon hat den mutigen Pistenbezwinger die Zivilisation wieder.

Einfallsreich werden in San Bartolomé de Tirajana Andenken verkauft

lomé ein beliebter Ausgangspunkt für Jeep-Safaris und Wanderungen ist, sind die Preise in Bars und Geschäften relativ hoch. Es lohnt sich also, sich schon vorab mit Getränken und Snacks einzudecken.

Das Zentrum des Ortes bildet der Kirchplatz mit dem niedrigen *Rathaus* im kanarischen Stil und der Pfarrkirche **San Bartolomé**, auch genannt **Santiago de Tunte.** Ihren Beinamen verdankt die 1534 auf den Ruinen einer Einsiedelei entstandene dreischiffige Basilika Spaniens Nationalheiligem Jakobus, der in der Landessprache Santiago heißt, und dem ursprünglichen Ortsnamen Tunte, den die Spanier im 16. Jh. umtauften. Im Inneren der Kirche stehen rechts zwei Reiterstatuen des Apostels beisammen. Beide sind als Sieger über die Mauren dargestellt. Die größere Skulptur von 1913 zeigt *Jakobus* schwungvoll, fast kriegerisch, im Kampf mit zwei Mauren, von welchen einer schon unter dem linken Hinterhuf seines Pferdes liegt, der andere noch das Schwert zückt. Daneben wirkt die kleine Skulptur des ›*Santiago el Chico*‹ mit dem Kreuz in der einen und dem Schwert in der anderen Hand klobig-hilflos, wie von Kinderhand gemacht. Sie soll mehr als 400 Jahre alt sein und wird hier innig geliebt. Zum größten kirchlichen **Fest** von San Bartolomé de Tirajana am Samstag vor dem 25. Juli wird die Heiligenfigur dann auf einem Wagen zu ihrem ursprünglichen Aufstellungsort ins nahe *Pinar de Santiago* gefahren. Da die Kapelle, in der die Statue bis 1850 stand, heute zerstört ist, wird die Messe ihr zu Ehren im Freien abgehalten. Danach wird sie in einer langen feierlichen Prozession auf den Schultern der Gläubigen wieder nach San Bartolomé getragen und kehrt in die Pfarrkirche zurück.

i Praktische Hinweise

Hotels

TOP TIPP ******Las Tirajanas**, Calle Mayor José Rùbio, San Bartolomé de Tirajana, Tel. 928 56 69 69, www.hotel-lastirajanas.com. Am *Mirador*, dem Aussichtspunkt an der *Caldera* gelegenes, modernes und doch traditionelles Haus mit Panoramazimmern, gutem Restaurant (kanarische Küche) und herrlichem Spa.

Hostal Restaurant Santana, Calle Tamarán 10, San Bartolomé de Tirajana, Tel. 928 12 71 32. Einfache Unterkunft; im Restaurant wird spanische Küche serviert.

La Hacienda del Molino, Calle Los Naranjos 2, San Bartolomé de Tirajana, Tel. 928 12 73 44, www.lahaciendadelmolino.com. Zentral gelegenes Centro Rural mit 8 einfachen Zimmern und gemütlichem Restaurant (kanarische Küche, Tapas).

Bars

Bar D'Romeria, Calle Reyes Católicos 4, San Bartolomé de Tirajana, Tel. 928 79 81 91. Das freundliche Cafè mit Tischen im Freien gegenüber der Kirche serviert Sandwiches und Tapas.

El Cueva, Calle Tamaran 15, San Bartolomé de Tirajana, Tel. 928 12 73 00. Kanarische Küche und Pizzeria, Tapas (Aug./Sept. Do geschl.).

Das Zentrum –romantisches Hochland

Unwidersprochen ist das Inselinnere das landschaftlich attraktivste Gebiet von Gran Canaria: Mit dem **Pozo de las Nieves** (1949 m), dem **Roque Nublo** (1803 m) sowie dem **Cruz del Saucillo** (1800 m) ist die Region geprägt von den höchsten Bergen der Insel. Vor allem wanderbegeisterte Reisende finden es in dieser Gegend so schön, dass sie gar auf den Rest der Insel ganz verzichten, wenn sie ein geeignetes Quartier im Zentrum gefunden haben.

Schon den Altkanariern waren gewisse markante Berge heilig, wie der 1404 m hohe **Roque Bentayga**. Auf dessen Rückseite wurden einzigartige berberisch-altkanarische Schriftzeichen entdeckt, ein weiteres Zeugnis der reichen Guanchen-Kultur und der historischen Bedeutung des Inselinneren. Auch die größten **Calderas**, darunter die von Tejeda mit ihren zahllosen Mandelbäumen, breiten sich hier aus. An die Ränder der Calderas schmiegen sich wunderschöne, weiße Dörfer. Gewissermaßen den Mittelpunkt der Insel markiert der **Cruz de Tejeda,** der höchste Pass der Insel (1490 m). Hier oben liegt dem Besucher ganz Gran Canaria zu Füßen.

37 Roque Nublo

Der geheimnisvolle ›Nebelfelsen‹ galt früher als Heiligtum, heute ist er ein Wanderparadies.

Obwohl mit 1803 m nicht der höchste Gipfel der Insel, bietet der Roque Nublo ein grandioses Panorama der majestätischen Bergwelt im Inselinneren und ist zudem Gran Canarias Wahrzeichen. In Anbetracht der Großartigkeit dieses Berges und seiner nahezu mystischen Anmutung, wenn der rotbraune Basaltfels in den aufsteigenden Nebeln verschwindet, erstaunt es nicht, dass er für die Altkanarier heilig war. An diesem **Bergheiligtum** sollen sie sich versammelt haben, um sich bei strengem Fasten zu läutern. Vor allem in den Felswänden nördlich des Roque Nublo erkennt man zahlreiche Höhlen, in denen Mumien der Altkanarier gefunden wurden.

Treffpunkt aller, die von Süden kommen, um das Inselinnere zu erkunden, ist das 1290 m hoch gelegene **Ayacata,** speziell der Roque Nublo zieht Wanderer magisch an. Die Streusiedlung mit nur knapp 100 Einwohnern und vielen Wochenendbesuchern ist malerisch eingebettet zwischen diesem heiligen Gipfel, dem Pozo de las Nieves [Nr. 38] und Roque Bentayga [Nr. 39]. Bei gutem Wet-

Rote Basaltfelsen und üppige Flora machen den Roque Nublo zum Dorado für Wanderer

Aufstieg zum heiligen Berg

Mit ausreichend Proviant, Wasser und ordentlichen Bergschuhen ausgerüstet, kann man von der Casa Melo in *Ayacata* den schweißtreibenden, steilen Aufstieg über teilweise wieder hergerichtete alte Wege auf den **Roque Nublo** in Angriff nehmen (rund 2 Std.). Wer es sich etwas leichter machen möchte, fährt mit dem Wagen Richtung *Cueva Grande*. Nach gut 2,5 km kommt auf der linken Straßenseite ein Parkplatz mit kleiner Imbissbude. Von hier führt der zunächst steingepflasterte Weg, der für Ausflügler gut ausgebaut ist, bergan. Rund eine Dreiviertelstunde geht es durch dichten Kiefernwald. Immer wieder erkennt der Wanderer vor sich den charakteristischen Felsen in Mönchsgestalt, **El fraile**. Dann tritt man aus dem Wald hinaus und steht vor einem großen, sich leicht neigenden Steinplateau.

Auf der gegenüberliegenden Seite ragt ein weiterer Fels fast 80 m steil in den kanarischen Himmel: der eigentliche Roque Nublo (1803 m) mit **Traumpanorama**. Vor ihm liegt ein niedrigerer Fels, wie ein Frosch geformt. Man könnte meinen, dieser ›Frosch‹ bete den Nublo an.

ter sieht man von hier sogar den Teide, Spaniens höchsten Berg, der auf der Nachbarinsel Teneriffa 3718 m aufragt.

Treffpunkt in Ayacata ist die meist sehr gut besuchte Bar der *Casa Melo* mit Lebensmittelgeschäft. Hier bekommt man die besten Tipps für Wanderungen und Ausflüge. Es werden auch Bergführer und Zimmer vermittelt.

i Praktische Hinweise

Restaurant

Casa Melo, auch *El Montañon* genannt, an der Kreuzung von Ayacata. Treff für Ausflügler und Wanderer. Die kanarischen Spezialitäten werden auch auf der Terrasse serviert (im Winter z.T. Fr geschl., sonst tgl. 9.30–17 Uhr geöffnet).

38 Pozo de las Nieves

Gipfelstürmen ist nicht möglich, doch rings um Gran Canarias höchsten Berg (1949 m) bietet sich ein herrliches Panorama.

Wie der Roque Nublo ist auch der höchste Berg der Insel am bequemsten von Ayacata [s. S. 94] aus anzusteuern. Zunächst geht die Fahrt 5,5 km Richtung Cueva Grande. An der Kreuzung folgt man rechts dem Hinweis zum Pozo bzw. Pico de las Nieves. Die 3 km lange Strecke ist auch mit *Los Pechos*, ›die Brüste‹, ausgeschildert. So nannten die Grancanarios die beiden militärischen Radarstationen, die zusammen mit vielen Antennenmasten vom First des Berges aufragten.

Der Gipfel selbst ist militärisches Sperrgebiet, aber vom etwas unterhalb gelegenen *Mirador*, lässt sich das herrliche **Panorama** der Bergwelt genießen. Einzig ein allzu starker Nordost-Passat, der zuweilen über die *Degollada* hinweg ins Tal von Tejeda fällt und den Talkessel in dichte Wolkenwatte verpackt, vermag die Aussicht zu trüben.

Ansonsten ist links unten die Streusiedlung von Cazadores zu sehen, dahinter das Meer, rechts davon liegt Santa Lucía de Tirajana [Nr. 33] und davor San Bartolomé de Tirajana [Nr. 36]. Geradeaus ragt der Roque Nublo [Nr. 37] empor und zu seiner Linken der auf ihn zuspringende ›Frosch‹. Dieser kleinere dreieckige Felsen ist von keiner anderen Stelle so gut zu erkennen wie von hier. Rechts davon erhebt sich der ›heilige‹ Roque Bentayga [Nr. 39]. Bei schönem Wetter kann man sogar bis Teneriffa schauen.

Die Fahrt um den Pozo de las Nieves ist begleitet von dichtem Kiefernwald mit teilweise schönen, alten Bäumen. Mehrere Picknickplätze von riesigen Ausmaßen zeigen, wie gerne die Einheimischen hierher in die Sommerfrische kommen. Eine Pfirsichbaum-Pflanzung zeugt von der Experimentierfreudigkeit des grancanarischen Ministeriums für Landwirtschaft.

Von der Kreuzung unterhalb des Inselhöchsten führen zwei Wege abwärts. Rechts eine wunderschöne, ziemlich hoch angesetzte Strecke, die den **Cruz del Saucillo** (1800 m) berührt. Sie führt über die *Caldera de los Marteles* und *Cazadores* bis Telde [Nr. 53]. Links geht es 8 km geradeaus zum *Cruz de Tejeda* [Nr. 41], mit 1490 m der höchste Pass der Insel. Man kann auch an der Kreuzung den Weg zu-rück bis Ayacata nehmen, um von dort die Fahrt nach Norden Richtung Cruz de Tejeda fortzusetzen. Auf dieser Route öffnen sich immer wieder herrliche Ausblicke nach Süden zurück und nach Westen bis Teneriffa. Vom Cruz de Tejeda geht nach 7 km links der Abzweig zum Roque Bentayga [Nr. 39] ab.

39 Roque Bentayga

TOP TIPP *Heilige Stätte der Altkanarier und Fundgrube für Archäologen.*

Bentayga ist ein altkanarisches Wort und bedeutet ›geheimer Platz‹ oder ›heiliger Berg‹ und verweist auf die Kultstätte der Ureinwohner auf seinem Gipfel. Sie ist ein beliebtes Wanderziel [s. S. 97], doch auch die Bergstraßen rund um den *Cruz de Tejeda* [Nr. 41] sind hervorragend ausgebaut und ausgeschildert. Immer genießt man die schönsten Ausblicke auf hohe Gipfel und in Calderas hinein. Auch die Zufahrt zum Bentayga ist nicht zu verfehlen, am Ende geht es Richtung *Espinillo*, das man links liegen lässt, und weiter geradeaus auf einer asphaltierten ›Privatstraße‹. Eine Schranke reglementiert die Zufahrt zum Roque Bentayga (tgl. 10–18 Uhr).

40 Tejeda

TOP TIPP *Der schönste Ort des größten Talkessels, inmitten von malerischen Mandelbaumterrassen.*

Zu Füßen des Roque Nublo öffnet sich die **Caldera de Tejeda**, Gran Canarias schönster und mit 25 km Durchmesser auch größter eingesunkener Krater. Steht man in Tejeda am Kraterrand und schaut nach Süden, bietet sich eine faszinierende Aussicht: Man könnte fast glauben, die direkt hinter einander gestaffelten gezackten Bergkämme setzten sich bis ins Endlose fort. Man sollte die *Caldera* Ende Januar oder Anfang Februar besuchen, wenn die Abertausend **Mandelbäume** in voller Blüte stehen! Rosa und weiß leuchten die Kronen der meist wild wachsenden Bäume und es ist Zeit für die Fiesta del Almendro [s. S. 100].

Tejeda selbst liegt westlich und unterhalb der GC-60 direkt am *Barranco*-Rand, markant überragt von Roque Nublo [Nr. 37] und Roque Bentayga [Nr. 39]. Eine Hauptstraße durchzieht den größten Teil

Magie über dem Nebelmeer: Roque Bentayga und Teide auf der Nachbarinsel Teneriffa

Gipfelmagie und Altkanarenkult

Wer den **Roque Bentayga** besteigen möchte, parkt am besten beim *Informationszentrum* mit kleinem, aber qualitätvollem archäologischen Museum (festes Schuhwerk ist notwendig). Der zunächst einfache, dann schwierige Aufstieg dauert etwa 20–30 Minuten. Entweder schließt man sich einem der Führer des Zentrums an oder folgt auf eigene Faust mit einigem Gespür dem in den Basalt gehauenen Weg. Das letzte Stück ist ziemlich anstrengend. Man sollte schwindelfrei sein und in Begleitung gehen, um sich gegenseitig helfen zu können. Dafür sind die Ausblicke von hier oben wahrlich atemberaubend schön. Und schließlich ist auch der letzte Fels geschafft, der Grat erklommen und man steht am Fuß des markanten Monolithen Roque Bentayga.

Vor dem Fels breitet sich eine Kultstätte der Altkanarier aus, einer der besterhaltenen **Almogaren** Gran Canarias. Ein Rechteck ist plan aus dem Felsen geschlagen. Die tiefen Rillen am Rand sind mit der kreisförmigen Mulde in der Mitte verbunden. Es könnte sich hierbei um einen Altar für Trankopfer handeln.

Der **Legende** nach spielte sich hier einst Folgendes ab: An dieser Stelle baten die Altkanarier ihren Gott *Alcorac* um Regen, Heilung von Krankheiten und den Sieg über die Feinde. Die ganze Zeremonie verlief unter Aufsicht des *Guanarteme* und des *Faycanes*, des Königs und des Hohepriesters. *Hermiguadas*, ›heilige‹ Jungfrauen, schütteten Wasser oder Milch in die Rillen des Altars. Junge Lämmer wurden von ihren Muttertieren getrennt. Ihr ängstliches Sich-im-Kreis-Drehen galt als heiliger Tanz, ihre Schreie nach der Mutter sollten den Gott gnädig stimmen. Anschließend zogen die heiligen Jungfrauen zum Meer, nahmen ein kultisches Bad, schlugen das Wasser mit Palmzweigen und riefen *Almene corao* – Gott helfe mir. Weiterhin wird vermutet, dass sich 1480, als die Spanier die Insel einzunehmen begannen, Altkanarier an diese wohl bedeutendste Kultstätte im Zentrum der Insel zurückzogen.

Erst 1995 entdeckte der Archäologe und damalige Direktor des *Museo Canario* [s. S. 26], Julio Cuenca Sanabria, auf der Rückseite des Roque Bentayga berberisch-altkanarische **Schriftzeichen**, die ihrer Entschlüsselung harren. Hohe Erwartungen knüpfen die Archäologen auch an die Auswertung der reichen Funde in einer großen Höhle unterhalb des Trankopferaltars, die lange durch herabgestürzte Felsbrocken blockiert war, sodass sie nicht ausgeraubt werden konnte.

des Dorfes. Hinter der kleinen, innen unscheinbaren, aber doch hübsch anzuschauenden Kirche (1930) führt eine steile Gasse in den unteren Ortsteil. Hier stehen die ältesten Häuser von Tejeda. Sie sind freundlich weiß getüncht und tragen teilweise noch die typisch kanarischen Holzbalkone. Überall blühen üppige Blumen, und abgesehen von Festtagen herrscht im Ort wohltuende Ruhe.

Ein Ziel für Kunstfreunde der klassischen Moderne ist das **Museo de Escul-**

Am traditionsreichen Cruz de Tejeda bietet ›El Refugio‹ [s. S. 101] rustikalen Charme

In der Silhouette der Caldera de Tejeda setzt die Felsnadel des Roque Nublo einen Akzent

turas Abraham Cárdenes (Di–Fr 11–15, Sa 11.30–14.30, So 11.30–16 Uhr) in der Calle Leocadio Cabrera. Es zeigt Werke des in Tejeda gebürtigen renommierten Bildhauers Abraham Cárdenes (1907–1971).

i Praktische Hinweise

Information

Información Turistica, Calle Leocadio Cabreras s/n, Tel. 928 66 61 89, www.tejeda.es.

Einkaufen

Dulceria Nublo Marzepanes, Zentrum, Tejeda. Mandelkuchen, Marzipan und Bienmesabe (s.S.100) aus den Mandeln von den umliegenden Terrassen.

Hotel

Fonda de la Tea, Calle Ezequiel Sánchez 22,Tejeda, Tel. 928 66 64 22, www.hotelfondadelatea.com. Gepflegtes Landhotel im Zentrum. Eingerichtet im kanarischen Stil. Ideale Lage für Wanderer (Juli/Aug. geschl.).

Routenpläne für Trekkingfans

Die rührige Rathaus von **Tejeda** hat vier detaillierte **Wanderrouten** ausgearbeitet, für die man Faltblätter im Infobüro bekommt. Sie enthalten auch Angaben zu jeweiligen Busverbindungen.

Die leichte **Ruta 1** (1,5 Std.) führt vom Cruz de Tejeda nach La Culeta. Mittelschwer ist die **Ruta 2** (2,5 Std.) von La Culeta auf den Roque Bentayga. Zwar schwer, aber nur kurz ist **Ruta 3** (2 Std.) von Tejeda auf den Roque Nublo. Ganze 10 Studen nimmt die schwere **Ruta 4** rund um Tejeda in Anspruch.

Restaurants

Cueva de la Tea, Zentrum, Tejeda, Tel. 928 66 63 06. Bei den Einheimischen beliebte *Tapas*-Bar mit Restaurantbetrieb (auch Vermietung von Apartments und Landhäusern).

Tejeda, Zentrum, Tejeda, Tel. 928 66 60 55. Nettes helles Restaurant mit Holztischen. Gute kanarische Küche. Auch Zimmervermietung (15. Juli–15. Aug. Mo. geschl.).

41 Cruz de Tejeda

Eukalyptusbestandener, höchstgelegener Pass der Insel mit traumhaft schönen Ausblicken.

Bis in die 1930er-Jahre war Cruz de Tejeda auf 1490 m Höhe der zentrale **Kreuzungspunkt** vieler Straßen und Pfade Gran Canarias. Trotzdem gab es hier nichts außer einem Wegkreuz und einigen inzwischen meist verlassenen Feldern. Im Sommer führten die Hirten ihre Ziegen- und Schafherden über den Bergsattel auf die Weiden.

Doch mit dem Bau eines Berghotels nach Plänen von Néstor Martín Fernández de la Torre [s. S. 32] im Jahr 1938 wurde

Frühlingsgefühle beim Mandelblütenfest

Jedes Jahr im Februar, wenn Tausende von blühenden Mandelbäumen die Caldera de Tejeda in ein weißes Blütenmeer verwandeln, ist es Zeit für die **Fiesta del Almendro.** Dann wird – im jährlichen Wechsel mal in Tejeda, mal in Valsequillo [Nr. 54] – schon frühmorgens die Dorfstraße für Fahrzeuge gesperrt. Freundliche, traditionell gekleidete Jugendliche reichen den Festgästen an den Schranken zur Begrüßung kleine Marzipankuchen. Im Dorf selbst werden die ersten Stände aufgestellt, Kunsthandwerk vorgeführt und die Produkte der Region verkauft: Ziegenkäse aus Valsequillo, Honig, Plätzchen und natürlich köstliches Mandelgebäck und Marzipan aus Tejeda. Nicht zu vergessen **Bienmesabe**, was wörtlich übersetzt ›das schmeckt mir gut‹ heißt. Es ist eine Mischung aus fein gehackten Mandeln und Honig – die leckerste, wenn auch teuerste Spezialität Tejedas. Sie schmeckt wunderbar zu Flan und anderen Süßspeisen. An der Dorfstraße Tejedas wird dann, in schönster Panoramalage mit dem Bentayga vor Augen, Stroh für die traditionellen **Arrastre**-Wettbewerbe aufgeschüttet. Bei diesem Spektakel können die Zuschauer gespannt den Wettlauf starker kanarischer Kühe verfolgen, die mit schweren Steinen beladen zuerst durchs Ziel wollen.

Später singen in regionale Trachten gekleidete **Folkloregruppen** kanarische Lieder und führen Tänze vor, und beim Gottesdienst in der örtlichen Pfarrkirche freut sich der Pfarrer angesichts gut gefüllter Kirchenbänke.

Anschließend geht es aber üblicherweise gleich in die Bar oder in ein Restaurant. Wer im festtäglichen Trubel keinen freien Tisch mehr erwischt, bestellt sich etwas an der Theke und wartet genauso geduldig wie der Nachbar auf seine *Papas arrugadas* (Runzelkartoffeln, s. S. 128) oder ein *Bocadillo*, ein frisch mit Ziegenkäse belegtes Brötchen. Dazu trinkt man ein Glas Wein und schaut entspannt dem bunten Treiben drinnen und draußen zu.

Bei der Fiesta del Almendro sorgen traditionelle Musikanten für die richtige Stimmung

der landschaftlich hinreißende Cruz de Tejeda bald zu einem touristischen Anziehungspunkt. 1968 entstand aus der kleinen Herberge ein *Parador Nacional*, ein staatliches Touristenhotel mit Restaurant und Bar, heute erfüllt das modernisierte Parador Cruz de Tejeda [s. u.] auch Wellness-Wünsche. An einigen Ständen in der Nähe erhält man zudem alles, was des Ausflüglers Herz begehrt. Und gegenüber entstand ein nettes kleines Landhotel namens El Refugio [s. u.].

Kein Wunder, dass am Wochenende bei schönem Wetter so viele Grancanarios hier heraufziehen: Cruz de Tejeda ist ein hervorragender Ausgangspunkt für **Ausflugsfahrten** und ausgedehnte **Wanderungen** in die traumhafte Umgebung. Am Cruz de Tejeda liegt dem Besucher tatsächlich ganz Gran Canaria zu Füßen.

6 km östlich bietet **Las Lagunetas** inmitten seiner Obstbaumhaine und Terrassenfelder mit Kartoffeln, Mais oder Gerste einen herrlichen Anblick. Der Ort ist das Tor zur Landwirtschaftsregion des Nordostens. Gen Norden schaut man von Las Lagunetas weit ins üppig grüne Tal von Valleseco [Nr. 46] hinein, das seinen Namen ›trockenes Tal‹ wahrlich nicht verdient.

Bei **Lechusa**, 4 km weiter, genießt man wieder hinreißende Talblicke, nun mit dem kleinen Stausee von Ariñes. So geht es weiter bis kurz vor *Vega de San Mateo* [Nr. 5]. Nach jeder Kurve der eukalyptusgesäumten Straße eröffnen sich neue Landschaftsbilder, eines schöner als das andere.

i Praktische Hinweise

Hotels

****__Parador Cruz de Tejeda__, Cruz de Tejeda s/n, Tel. 928 01 25 00, www.parador.es. Parador in traumhafter Bergwelt mit 43 Zimmern, Spa und Pool, Terrassencafé und Restaurant mit kanarischen Spezialitäten. Idealer Ausgangspunkt für Wanderungen.

**__El Refugio__, Cruz de Tejeda, Tel. 928 66 65 13, www.hotelruralelrefugio.com. Kleines Landhotel mit Restaurant (kanarische Küche, mittelpreisig). 17 Zimmer in hellem kanarischem Stil, Frühstücksbuffet. Kleiner Pool.

Restaurants

Asador de Yolanda, Cruz de Tejeda, Tel. 928 66 62 76, www.asadoryolanda.com. Sehr hübsches Ausflugslokal mit Terrasse, neben dem Refugio. Innovative kanarische Küche, vor allem Kurzgebratenes, aber auch Sandwiches (tgl. ca. 9–20 Uhr).

Bar Perera, GC-15 Cruz de Tejeda – San Mateo, km 31. 2,5 km vom Cruz, Tel. 928 66 42 39. Sehr freundliche Bar mit guten *Tapas* und preiswerten Menüs im angeschlossenen Restaurant. Geboten werden echt kanarische Gerichte. Eine Spezialität ist Spanferkel. Lebensmittelladen nebenan (Mo geschl.)

Mindestens einen Blick in den Krater von Pinos de Gáldar sollte man riskieren

42 Pinos de Gáldar

TOP TIPP *Beeindruckend ist der schwarze, klaffende Kraterschlund.*

Vom Cruz de Tejeda [Nr. 41] läuft eine gewundene Bergstraße nordwestlich direkt auf Pinos de Gáldar zu. Diese Strecke ist von großer landschaftlicher Schönheit. Hauptsächlich führt sie entlang der früher mit Edelkastanien bewachsenen Hänge des **Moriscos** (1764 m). Nach einer scharfen Linkskurve fällt die Straße plötzlich ab zum schönen Krater von Pinos de Gáldar. Vom **Mirador**, dem Aussichtspunkt, blickt man in den schwarzen Vulkanschlund. Er ist voller *Picón*, grobkörnige Lavaasche, die den Tau sehr gut speichert. Die kanarischen Bauern reichern damit ihre Felder an. Für die Hydrokultur zu Hause wird das Granulat meist in helleren Farben verwendet. Schön ist zweifellos der Kontrast zwischen dem Schwarz des Kraters und dem intensiven Grün der kanarischen Kiefern ringsum.

43 Juncalillo

Reizendes Dörfchen mit Höhlenwohnungen inmitten einer sanften Hochebene.

Friedliche Ruhe liegt zumeist über dem schmucken Dorf **Juncalillo**, das, abgeschirmt von zackigen Felsformationen, in einem unerwartet weiten, saftig grünen terrassierten Almgebiet liegt. Kurze Wellen des Trubels bringen allerdings die großen Ausflugsbusse, die zumeist dienstags hier auf ihrer Rundfahrt Halt machen. Die Bewunderung der Fahrgäste gilt den schönen, gepflegten **Höhlenwohnungen**, die sich entlang der Straße in der Bergflanke öffnen. Bunter Blumenschmuck zeigt die Dekorationsfreude ihrer Bewohner, die sich in ihrer felsigen Heimstatt behaglich eingerichtet haben. Vis-à-vis liegt die *Juncalillo Plaza* mit dem Kirchlein.

44 Artenara

TOP TIPP *Höchstgelegenes Dorf Gran Canarias mit grandiosem Panorama.*

Das Dorf Artenara liegt überaus malerisch 1230 m hoch am nördlichen Rand der weiten Kratersenke von Tejeda und hat sich sehr vorbildlich entwickelt, mit schönen Reihenhäusern am Rande und sogar einem Gemeinde-Schwimmbad.

Dass hier schon früh Menschen siedelten, beweist der altkanarische Ursprung

Satt-grüne Terrassen künden von der Fruchtbarkeit der Landschaft rund um Juncalillo

Tief in die Felsen geschlagen bewahren die Cuevas del Rey bei Artenara ihr Geheimnis

des Ortsnamens. Artenara bedeutet in etwa ›zwischen Fels verstecktes Land‹. Bis zum Einzug der Moderne war es das zweitwichtigste *Töpferzentrum* der Insel. Einige alte Häuser blieben mit ihrer historischen Bausubstanz erhalten, vor allem an der Hauptstraße und in der Gasse oberhalb der Kirche.

Aber das schönste an Artenara ist für die meisten Besucher der weite **Blick** über die *Caldera de Tejeda* mit dem Dorf Tejeda [Nr. 40] und den beiden heiligen Felsen von Nublo [Nr. 37] und Bentayga [Nr. 39]. Östlich des Roque Bentayga sind drei weitere markante Felsen zu erkennen. In ihrem Inneren befinden sich die **Cuevas del Rey**, ein großes Höhlensystem, dessen Eingang jedoch in jüngster Zeit eingestürzt ist. Weit darüber hinaus scheinen sich die *Barrancos* endlos hintereinander aufzureihen. Rechts sind sie vom *Altavista* (1377 m) begrenzt, links vom *Pozo de las Nieves* (1949 m) [Nr. 38] mit der Forschungsstation des spanischen Militärs.

Besonders trubelig wird es in dem kleinen Artenara (1230 Einw.) am vorletzten und letzten August-Sonntag, den Höhepunkten einer feierlichen Woche zu Ehren der ›**Virgen de la Cuevita**‹. (Der Termin kann sich verschieben; man sollte sich vorher erkundigen.) Dieses bedeutendste und schönste kirchliche Fest der Gegend bringt viele Gläubige aber auch Schaulustige in das so hübsch gelegene Dorf [s. S. 106]. Gegenstand der Verehrung

Rundfahrt mit Schluchtenblick und Felsenapartments

Zahlreiche weitere Höhlenwohnungen, vor denen üppig Geranien und Iris blühen, finden sich nordwestlich von

TOP TIPP

Juncalillo im schönen **Barranco Hondo**. Man steuert das Tal von Juncalillo [Nr. 43] aus über die GC-223 an. Auf einer Nebenstraße fährt man durch die grüne, großzügig terrassierte Schlucht. Nach ca. 3 km abwechslungsreicher Fahrt erreicht man die Streusiedlung **Los Lugajeros**, die idyllisch an einem der kleinen Stauseen von Pérez liegt. Auch sie besteht praktisch nur aus Höhlenwohnungen. Verwirrend wirkt ein Hinweis nach Agaete [Nr. 16], das von hier aus mit dem Auto gar nicht mehr erreichbar ist. Nur mit den Augen gelangt man dorthin, denn auf der Strecke nach **Fagajesto**, die rechts vor den Seen abzweigt, gibt es atemberaubend schöne Ausblicke, sozusagen von der Rückseite des Gordo, in das Valle de Agaete [s. S. 62] hinab. Nur zu Fuß könnte man den mühsamen Abstieg in das tiefe Tal wagen.

Auf der gut ausgebauten GC-220 geht es von Fagajesto aus wieder nach Süden und nach ca. 4 km erreicht man Juncalillo, den Ausgangspunkt der panoramareichen kleinen Rundfahrt.

TOP TIPP Zu Fuß von El Chorillo nach El Carrizal

Nur 2 Stunden dauert die Wanderung durch die grandiose **Bergwelt** Gran Canarias von einem Dorf zum nächsten und zurück. Schon die Anfahrt zum Ausgangspunkt ist ein Erlebnis. Gleich unterhalb der **Cuevas del Rey** führt nach spitzer Kurve rechts die schmale Straße, teils asphaltiert, teils geschottert durch terrassierte Hänge mit Mandelbäumen abwärts und verführt immer wieder zu Foto-Stopps. Nach ca. 7 km ist der Weiler **Solana del Chorillo** erreicht: kleine weiße Bauernhäuser, von grünen Feldern umgeben. Nach einem weiteren Kilometer abwärts steht in einer Linkskurve eine Garage. Da die Straße ab hier asphaltiert ist, ist das Wandern darauf nicht gerade zu empfehlen, also fährt man am besten über die kleine Brücke in das hübsche, verschlafene Dorf **El Chorillo**, in dem die Straße endet. Nicht immer hat die kleine Tienda im Dorf geöffnet, also sollte man Wasser bei sich haben oder zumindest hier in eine mitgeführte Flasche abfüllen. Denn über dem Dorf sprudelt das ganze Jahr lang eine Quelle aus einer Felsplatte. Kein Wunder also, dass El Chorillo in rund 625 m Höhe keine Wasserprobleme kennt und seine Gärten ringsum zu jeder Jahreszeit wunderbar grünen und blühen.

Das markante weiße Gebäude mit Arkaden war früher die Schule. Jetzt gibt es in El Chorillo keine Schulkinder mehr. Aber an den Wochenenden füllt sich der Ort wie so manche Dörfer im Zentrum der Insel wieder mit Leben. Denn viele junge Familien, die meist in Las Palmas de Gran Canaria ihrem Broterwerb nachgehen, besitzen hier noch kleine Häuser und Felder.

Etwa in Höhe der alten Schule beginnt rechts ein betonierter Weg, der am Rande des Dorfes zu einem **Wanderpfad** wird. Er dient den Bewohnern von El Chorillo seit Generationen als Fußweg, wenn sie Freunde und Verwandte in **El Carrizal** am Roque de los Pérez (1126 m) besuchen wollen.

In vielen Kehren windet er sich abwärts, mit steilem Abstieg am Ende. Von Dorf zu Dorf dauert es bei gemütlichem Gehen eine knappe Stunde. Die Dörfler behaupten, sie schaffen es in einer halben! Schon von der letzten Kurve aus ist El Carrizal zu sehen. Es liegt 750 m hoch und zählt heute keine 50 Einwohner mehr, ist aber wegen seiner Lage am Barranco-Rand sicher eines der hübschesten Dörfer der Insel. Zudem bietet El Carrizal dem Wanderer einen großen Vorteil: Hier können sich müde Ausflügler bequem mit dem Wagen abholen lassen, denn die Asphaltstraße nach El Carrizal ist hervorragend ausgebaut. Sie ist das Ergebnis eines EU-Projekts, das die einsamen Bergdörfer vor dem Aussterben zu bewahren versucht. Das moderne Bar-Restaurant **El Cairete** (Tel. 928170049, Restaurant nur Sa/So, Bar tgl. 11.30–19 Uhr) lädt in seinen alten Mauern mit schöner Aussichtsterrasse zur Rast, bevor man den Rückweg antritt - ob motorisiert oder zu Fuß.

Dem Felsen abgetrotzt: Wanderpfad auf den Roque de los Pérez

Eng umringen die Häuser von Artenara ihre Pfarrkirche, aber weit ist der Blick ins Umland

ist eine 80 cm hohe *Holzskulptur* mit Krone und Strahlenkranz. Auf ihrem linken Arm trägt die aus Mallorca stammende Jungfrau das Jesuskind. Es heißt, Franziskaner hätten die Statue hierher gebracht, um mit ihrer Hilfe die Canarios zu bekehren. Aber weder lassen sich dieser Zeitpunkt noch das Alter der Statue oder gar der Künstler, der sie schuf, genauer bestimmen. Jedenfalls gilt die pausbäckige, rosige Jungfrau als Patronin aller Folkloregruppen und Radrennfahrer Gran Canarias. Darum ehren diese Gruppen die ›Jungfrau von der kleinen Grotte‹ während dieses Festes ganz besonders.

Ihren angestammten Platz hat die Virgen in einer **Cuevita** (tgl. ganztags geöffnet), der kleinen namengebenden Felsengrotte am Ortsrand. Inzwischen führt eine Asphaltstraße bis zu ihr hinauf, doch schöner wenn auch anstrengender ist sie über eine steingepflasterte und danach in Stufen ausgebaute *›Pilgerstraße‹* erreichen. Dafür geht man vom oberen Dorfende am Restaurant Esquina vorbei Richtung Tejeda und biegt dann links ab. Die Grotte ist ganz aus dem **roten Tuff** geschlagen, samt Altar und Lesepult, Kanzel und Beichtstuhl, Empore und Weihwasserbecken, Priesterstuhl und Taufbecken! Die dadurch entstandene Kapelle ist immerhin 4,4 m hoch und hat einen Durchmesser von 8 m. Nach dem Volksglauben entstand die *Cuevita* bereits im 14. Jh., aber eine Datierung ins 17. Jh. ist wahrscheinlicher. Jedenfalls wurde die Grottenkirche, wie eine Inschrift besagt, bewusst hier in 1219 m Höhe gegenüber den beiden altkanarischen Heiligtümern Roque Nublo und Roque Bentayga gegründet – sozusagen als Gegengewicht zu dem alten Glauben.

Hochverehrt und fröhlich gefeiert: Muttergottesstatue der Virgen de la Cuevita

Fest der Virgen de la Cuevita

Am vorletzten Sonntag im August wird die kleine Skulptur der ›Jungfrau Maria mit Kind‹ von ihrem angestammten Platz in der Grottenkapelle am oberen Dorfrand von **Artenara** in einer Prozession zur Pfarrkirche geführt. Dort bleibt sie eine ganze Woche ausgestellt. Während dieser Woche wird sie mit mehreren Gottesdiensten, aber auch mit feucht-fröhlichen Festlichkeiten, mit Markt und Spielen gefeiert. Am letzten Sonntag im August tragen die Bewohner von Artenara die ›Virgen de la Cuevita‹ gegen 17 Uhr zum **Parque Municipal**, dem Dorfplatz, wo sie mit Folkloretänzen feierlich begrüßt wird. Gegen 21 Uhr führt eine neuerliche Prozession die Virgen im Schein von Fackeln und mit krachend-lautem Feuerwerk in ihre Grottenkapelle zurück. Im Dorf aber geht, wie in Spanien üblich so ab etwa 23 Uhr, das Feiern erst richtig los, eine sehr fröhliche und ausgelassene Angelegenheit.

Die Pfarrkirche **San Matías** wiederum wurde 1782 eingeweiht. Der hl. Matthias ist der eigentliche Dorfpatron und sein Fest wird am 23. Februar gebührend gefeiert. Trotzdem wird er nicht annähernd in gleichem Maß verehrt wie die *Virgen de la Cuevita*.

Die zahlreichen **Höhlenwohnungen** von Artenara sehen mit ihren Vorbauten heute eher wie normale, an die Felswand gelehnte Wohnhäuser aus. Sie stammen zum größten Teil aus vorspanischer Zeit oder gehen gar bis auf die Steinzeit zurück, wie Funde in der Umgebung vermuten lassen.

Die untere Dorfstraße geht in die 7 km lange Strecke über, die direkt nach Tejeda [Nr. 40] führt. Die Straße schlängelt sich in großen, für das Inselzentrum geradezu gemütlichen Kurven allmählich abwärts in den **Barranco de Tejeda**. Allenthalben öffnen sich herrliche Ausblicke weit nach Westen und Süden. Tejeda erreicht man über den Ortsteil **El Rincón** (der Winkel), der seinem Namen alle Ehre macht: Er ist wirklich winzig und verwinkelt.

i Praktische Hinweise

Information

Información, Calle Párroco Domingo Báez 13, Artenara, Tel. 928 66 61 02, www.artenara.es. In einer früheren Höhlenwohnung und mit einem kleinen Höhlenmuseum.

Restaurants

Bar Diaz, Calle Matías Vega 9 (oberhalb des Kirchplatzes), Artenara, Tel. 928 66 62 40. Bei Einheimischen beliebte, unscheinbare Tapas-Bar, in der die Köstlichkeiten für jeden Gast frisch zubereitet werden (Do geschl.).

La Esquina, Calle Párroco Domingo Báez 1, Artenara, Tel. 928 66 63 40. Bekannt für gute *Tapas*. Im Freien auf dem kleinen Dorfplatz sitzend genießt man den schönen Blick über die *Caldera de Tejeda* mit dem Dorf Tejeda (abends und So geschl.).

Die modernen Höhlenwohnungen von Artenara sind komfortable Residenzen

Ungestört und friedlich grasen Schafherden im idyllischen Barranco de Tejeda

45 Pinar de Tamadaba

TOP TIPP *Sicher der schönste Wald kanarischer Kiefern auf der Insel.*

Allein die Fahrt in das beliebte Ausflugsgebiet 16 km nordwestlich von Artenara [Nr. 44] ist großartig. Fast wie auf einer **Panoramastraße** geht der Weg in vielen Kurven auf den Wald zu: einmal mit Blick auf die Stauseen im Süden, dann auf die im Norden – und schließlich rings um den 1444 m hohen **Tamadaba**.

Der großen Rundstrecke um den Berg schließt sich nördlich eine kleinere unbefestigte an. Alle Straßen führen durch den schönen **Kiefernwald** und geben immer wieder herrliche Ausblicke frei. Vor allem nach Süden in die *Caldera de Tejeda*, zum Roque Bentayga [Nr. 39] und Roque Nublo [Nr. 37] ist die Aussicht grandios. Später sieht man weit nach Westen und bei gutem Wetter sogar den Teide von Teneriffa. *Zona Recreativa,* Erholungsgebiet, steht auf großen Tafeln. Es ist wahrlich ein Gebiet, in dem man ganz tief durchatmen kann, mit einladendem Picknickplatz unter alten Bäumen. Ringsum duftet es nach Kiefern, im Frühjahr verzaubern außerdem die rosa und weiß blühenden Zistrosenbüsche.

In der Nähe befindet sich ein kleiner, kiefernbestandener Camping-Bereich, der *Campamento de Tamadaba*, dessen Spielplatz und Pool gern von Jugendgruppen genutzt wird. Viele der Gruppen üben sich auf den steilen Abhängen im Westen im Bergsteigen.

Unter herrlichen Baumriesen wandelt man im Wald von Pinar de Tamadaba

Es grünt so grün ... – Gran Canarias Botanik

Einst bedeckten **Kiefern** und **Lorbeerwälder** die vulkanische Landschaft. Doch die spanischen Eroberer brauchten Holz für Häuser und Schiffe, Land für Weiden und Zuckerrohrplantagen. Der Raubbau ist der Insel bis heute anzusehen. Nur im Norden findet man heutzutage wieder mehr Kiefernwälder, am **Pinos de Gáldar** [Nr. 42] beispielsweise. Vom einstigen Lorbeerwald blieben nur noch die Areale im **Barranco de Los Tilos und Barranco del Laurel** [Nr. 11] .

Trotzdem ist Gran Canaria für Botaniker ein Paradies. Insgesamt gibt es auf den Kanaren 2200 heimische und 800 eingeführte Pflanzenarten. 670 der heimischen Arten sind sog. Endemiten, d. h. sie gibt es nur auf den Kanaren, 100 davon ausschließlich auf Gran Canaria.

Zu ihnen zählen **Dickblattgewächse** (*Crassulaceae*), die Wasser in Blättern, Ästen und Wurzeln speichern und daher auf der regenarmen Insel die besten Überlebenschancen haben: etwa die mit dem in Mitteleuropa beheimateten Haus- oder Dachwurz verwandte Rosette des Aeoniums, die Greenovia, das Aichryson und das Monanthes.

Mit gespeicherter Flüssigkeit retten sich auch **Wolfsmilchgewächse** (*Euphorbien*) über den trockenen Sommer. Auf allen Hügeln Gran Canarias wachsen die runden Kugelbüsche der Tabaiba. Im Frühjahr grünen sie, im Sommer werfen sie, als Schutz vor Verdunstung, die Blätter ab. Zu dieser Familie gehört auch die Kanaren-Wolfsmilch (*Euphorbia canariensis*), die wegen ihrer Form Kandelaber-Euphorbie genannt wird. Der Tabaiba ähnelt die **Verode**, ein Sukkulentenbusch. Lange hatte sie keinen deutschen Namen und wurde schließlich Oleanderblättrige Kleinie (*Senecio Kleinia*) oder auch Affenpalme getauft.

Eine auffallende Erscheinung im Landschaftsbild Gran Canarias ist weiterhin der endemische **Drachenbaum** (*Dracaena draco*). Er ist genau genommen kein Baum, sondern ein Agavengewächs mit hohlem Stamm. In einigen Tälern der Insel wächst neben der Kanarischen Kiefer (*Pinus canariensis*) auch die schlanke **Kanarische Palme** (*Phoenix canariensis*).

Echter Feigenkaktus

Kanaren-Gänsedistel

Wenn im Frühjahr Hänge und Wiesen mit Kronen-Wucherblumen, Sauerklee und der Eibischblättrigen Winde bedeckt sind, beginnt für Spezialisten und Hobby-Botaniker die Fotojagd auf **Orchideen**: Kanaren- und Zungenstendel, Keuschorchis sowie Kanaren-Knabenkraut sind zu finden, aber auch Ragwurze, die als ›Sexualtäuscher‹ bezeichnet werden, da ihre Blüten wie Insektenweibchen aussehen und so die Männchen zur Bestäubung in die Falle locken.

Groß ist auch die Familie der **Gänsedistel**, oft mit unserem Löwenzahn verwechselt, die auf den Kanaren *Sonchus* genannt wird. Bis zu einem Meter schießt die leuchtend gelbe Zungenblüte der Kanaren-Gänsedistel aus felsigen Hängen, sogar mehr als menschenhoch wölbt sich die Baum-Gänsedistel in den blauen Himmel.

Schlicht und fast streng liegt San Vincente Ferrer im Zentrum von Valleseco

46 Valleseco

Das grüne Städtchen ist das Zentrum des fruchtbaren, gleichnamigen Tals.

Vom Cruz de Tejeda [Nr. 41] nach Valleseco durchfährt man eine bizarre Felslandschaft. Wie dicke Elefantenfüße sehen die ausgewaschenen Felsen aus, die sich rechts der Straße häufen. Links dagegen sind die Basaltfelsen dunkel und steil, werden bald abgelöst von Lavaschlacke und roter Erde. Die Straße wird von Kastanienbäumen gesäumt, deren dichtes Blätterwerk beinahe einen grünen Tunnel bildet.

Dann ist plötzlich das weite Tal von Valleseco in seiner vollen Schönheit zu sehen. Gleich eingangs liegt das Dörfchen **Lanzarote** mitten in Maisfeldern und Obstgärten. Der Name Valleseco, ›trockenes Tal‹, soll lediglich sagen, dass man hier kein Wasser fließen sieht. Der Boden ist relativ durchlässig und das befruchtende Nass versickert darin leicht. Dennoch irritiert es immer wieder, durch ein so blühendes, grünes Tal zu fahren, das ausgerechnet einen so ›trockenen‹ Namen trägt.

Auch das 978 m hoch gelegene Städtchen **Valleseco** ist stark landwirtschaftlich geprägt und beansprucht mit seinen hübschen ein- und zweistöckigen Häusern viel Fläche. Es gibt zwar im Zentrum eine neue Fußgängerzone, doch von den insgesamt 4000 Einwohnern leben nur etwas mehr als 800 im Kern rund um die Pfarrkirche **San Vicente Ferrer**. Das Gotteshaus mit dem auffälligen weißen Dach wurde 1846 eingeweiht.

Die Bewohner von Valleseco kultivieren ausgedehnte Gemüsegärten, bauen auch Kartoffeln und Obst an. Vor allem Äpfel gedeihen prächtig, weshalb am zweiten Sonntag im Oktober das **Apfelfest** gefeiert wird. Auch die Viehwirtschaft floriert, Ziegenmilch und Käse aus Valleseco stehen hoch im Kurs. Den relativen Wohlstand erkennt man nicht zuletzt an den vielen modernen Häusern. Im kanarischen Stil mit Holzbalkonen und roten Ziegeldächern gebaut, sind sie eine Augenweide!

Besonders stolz sind die Leute von Valleseco auf ihre Städtepartnerschaft mit Ciudad de Maturín in Venezuela. Sie wurde 1982 zu Ehren von José Gregorio und José Judas Tadeo Managas eingerichtet. Die beiden aus Valleseco stammenden Brüder hatten sich Mitte des 19. Jh. in Venezuela für die Abschaffung der Sklaverei eingesetzt und waren zu großem Ansehen gelangt.

i Praktische Hinweise

Information

Información Turistica, Calle León y Castillo 27, Vallesecco, Tel. 928 61 87 40, www.vallesecograncanaria.com.

Restaurant

Balcón de Zamora, Crta. Valleseco – Teror 13, nördlich von Valleseco, Tel. 928 61 80 42. Großes Terrassen-Restaurant mit Blick ins weite Tal von Valleseco und bis ans Meer. Beliebtes Wochenend-Ausflugsziel mit guter und preiswerter Küche (So–Do 8–22 Uhr).

Die Ostküste – Meeresstrand und Hinterland

Der südliche Teil der Ostküste zwischen **Punta del Tarajalillo** und **Pozo Izquierdo** gilt wegen der günstigen Winde als *Surferparadies*. Doch auch zum Baden laden zahllose *Playas* ein, wie etwa der beliebte Strand von **Arinaga** mit seinem kristallklaren Wasser.

Alte *Fischerdörfer*, darunter auch das pittoreske **Castillo del Romeral**, wurden durch den Tourismus zu neuem Leben erweckt. Wahre Highlights der Ostküste bilden die schönen alten *Städte*, erbaut in piratensicherer Entfernung von der Küste, jeweils 5 bis 6 km landeinwärts: **Agüimes**, das nahe **Ingenio** sowie **Telde**, inzwischen Gran Canarias zweitgrößte Stadt. Ihnen gemeinsam ist ein landschaftlich sehr anziehendes Hinterland mit tiefen *Barrancos*, die sich bis zum Cruz del Saucillo (1800 m) hochziehen. Aus **Valsequillo**, zwischen dem Zentrum und der Ostküste in einem schönen, mandelbaumgeschmückten Tal gelegen, stammt ein guter Teil der grancanarischen Käseproduktion. Und in der Einkaufsstadt **Vecindario** wurde das interessante Museo de la Zafra eingerichtet.

47 Castillo del Romeral

Das hübsch hergerichtete Fischerdorf lädt nach einem Surftag an der Punta del Tarajalillo zum Bummel ein.

Der schmucke Fischerort Castillo del Romeral, dessen **Hafen** Lebensmittelpunkt seiner Bewohner ist, zeigt sich vom touristischen Trubel weitgehend unberührt. Besucher locken jedoch die **Fischrestaurants** entlang der Promenade, die von den immerhin 70 Mitgliedern der ortsansässigen Fischereigenossenschaft *Cofradía de Pescadores* mit frischer Ware beliefert werden. Zum ursprünglichen Charme des Ortes tragen die lauschigen Innenhöfe bei, die sich zwischen den bunten Fassaden der alten Fischerhäuser öffnen und als Wäscheplatz, als Lager für Fischerboote oder einem Restaurant als Terrasse dienen. Besonders betriebsam wird es hier Ende September/Anfang Oktober zum traditionellen *Fischerfest*, einem fröhlichen Event rund um Essen und Trinken

Der Promenade vorgelagert sind zwei **Meerwasserschwimmbecken**, den kleinen Kiesstrand am Hafen frequentieren vor allem Einheimische. Die meisten Badegäste und vor allem Wassersportler zieht es südwärts zum **Surferparadies** Gran Canarias, das sich auf rund 12 km Länge zwischen der **Punta del Tarajalillo** und **Bahía de Pozo Izquierdo** erstreckt. Hier stehen überall zwischen Straße und Küste Hotel- und Apartmentanlagen. So

Einst Refugium der Fischer, heute Treffpunkt für Wassersportler: Punta del Tarajalillo

haben es die Surfer mit ihren Boards nicht weit zu den mächtig anbrandenden Wellen.

Praktische Hinweise

Restaurants

TOP TIPP **Bar Cofradía de Pescadores**, Av. de la Playa s/n, Castillo del Romeral, Tel. 928 72 81 99. Nettes Lokal der Fischergenossenschaft gegenüber dem Fischerkai, mit garantiert frischer Ware (So abend geschl.).

Estrella Marina, nahe dem Fischerkai, Castillo del Romeral, Tel. 928 72 82 95. Fangfrischer Fisch wird in diesem freundlichen Restaurant bodenständig und gut zubereitet. Mit Innenhof-Terrasse (Mo geschl.).

Wind und Wellen machen Punta del Tarajalillo zum Dorado für Surfer

48 Arinaga

Besucher schätzen neben dem kristallklaren Wasser die gute Luft und das feine Essen.

Das lebhafte frühere Fischerdorf **Arinaga**, einst Geheimtipp für Feinschmecker mit zum Teil recht teuren Restaurants, hat sich in den letzten Jahren grundlegend verändert. Noch immer gibt es die guten Fischlokale, doch bringt kein ortsansässiger Fischer mehr den Fang an Land. Denn Arinaga hat sich zu einem blühenden **Industriezentrum** entwickelt. Vor allem Baumaterialien und -zubehör werden hergestellt oder zusammengesetzt. Im neuen **Freihafen** werden die großen Lastschiffe abgefertigt. Dennoch ist an den Wochenenden am schmalen Kiesstrand unterhalb der langen Meerespromenade kaum ein Plätzchen frei. Kein Wunder, denn das Wasser ist herrlich klar.

Zudem gilt das hiesige Meerwasser als besonders salzhaltig. Deshalb wurden

Ruhe vor dem Sturm – im Sommer tummeln sich Badegäste am Kiesstrand von Arinaga

hier auch **Salinen** angelegt. Außerdem schätzen die Grancanarios Arinaga als ›Heilbad‹ zur Linderung von Hautproblemen. Am Dorfrand ragen die markanten Türme der **Meerwasserentsalzungsanlage** empor, die als die erste auf Gran Canaria mit Wind- und Sonnenenergie betrieben wird.

Parque de los Cocodrilos

Ein Ziel für die ganze Familie ist nur 4 km westlich von Arinaga im Landesinneren der **Parque de los Cocodrilos** (So–Fr 10–17 Uhr), ein zoologischer Park, in dem nicht nur mehrere Hundert Reptilien gehalten werden, sondern auch viele andere Tiere wie Affen, Großkatzen und Kamele. Jeden Tag um 13 Uhr werden die sonst recht trägen Krokodile gefüttert – ein Spektakel, das man sich nicht entgehen lassen sollte.

Weitere 2 km sind es von hier Richtung Norden zu dem schmalen Bergrücken **Lomo de los Letreros de Balos** [s. u.], der altkanarische Steinritzungen birgt und über eine steinige Piste erreichbar ist.

Geheimnisvolle Steinritzungen am Lomo de los Leteros

Eine raue Piste führt nordwestlich von **Cruce de Arinaga** direkt hinter der Kurve Richtung Los Corralillos von der schmalen Straße GC-104 nach links in offenes, sehr steiniges Gelände zum **Lomo de los Leteros de Balos** (Tel. 928 219 421, www.grancanariapatrimonio.com). Hat man seinen Wagen an geeigneter Stelle geparkt, kann man dem ebenen Weg am Südhang des Roque Aguayro entlang zu Fuß folgen (ca. 30 Min.). Obwohl der Fels recht markant ist, ist er nicht ganz einfach zu entdecken. Mit seinen gebogenen Basaltformationen erinnert er an das Skelett eines riesigen Dinosauriers. Die uralten **Felsritzungen** sind heute zwar zu ihrem eigenen Schutz eingezäunt, doch können Besucher die abstrakt wirkenden menschlichen Gestalten und geheimnisvollen Zeichen, die an Fischgräten oder Leiterstufen erinnern, auch durch die Gitterstäbe gut erkennen. Die Wissenschaft hat sich bislang vergeblich darum bemüht, die Bedeutung dieser Darstellungen zu entschlüsseln.

Frühe Graffiti am Lomo de los Letreros

Die elegante Kuppel von San Sebastián beherrscht das Stadtbild von Agüimes

Südlich von Arinaga lockt die gepflegte Einkaufsstadt **Vecindario** im Kulturzentrum mit dem interessanten *Museo de la Zafra* (Calle Isla de la Graciosa 33, , Mai–Sept. Di–Fr 10–16, Sa, So, Okt.–April Di–Fr 10–14, 16–19, Fei 10–14 Uhr). Hier erfährt man Wissenswertes über die einst wichtigste Produktion der Gegend – die Tomaten und ihr Export in alle Welt.

i Praktische Hinweise

Restaurants

La Farola, Alcalá Galiano 3, Puerto de Arinaga, Tel. 928 18 04 10. Kühle Fliesen in Blau und Weiß passen gut als Dekoration für das (teure) Fischrestaurant. Eigene Bassins mit Fischen, Schalen- und Krustentieren.

Rincón de Arinaga, Alcála Galiano 2, Puerto de Aringa, Tel. 928 18 89 56. Einfacheres Terrassenrestaurant an der alten Hafenmole.

49 Agüimes

Die hübsche Pfarrkirche des weitläufigen Städtchens gilt als kanarisches Musterbeispiel eines klassizistischen Sakralbaus.

Bis ins 19. Jh. war Agüimes Bischofssitz. Dies spiegelt sich auch in der Pracht der 1796–1940 errichteten Pfarrkirche **San Sebastián** (Mo–Fr 9–13 Uhr) wieder, die 1981 das Prädikat ›historisch-kulturelles Denkmal Spaniens‹ erhielt. Besonders hübsch ist schon die Lage der dreischiffigen Basilika mitten im historischen Kern des ziemlich weitläufigen Ortes (rund 30 000 Einw.). Ihre klassizistische Fassade, die beiden Türme und der Tambour wurden aus dem dunklen Stein geschaffen, der früher in der Gegend um Agüimes abgebaut wurde. Je nach Einfall des Sonnenlichtes zeigt er verschiedene grün-braun-graue Schattierungen und steht im Kontrast mit der leuchtend weißen *Kuppel* und den malerischen weißen Kubenhäusern am Hang. Kräftige, dunkle Lisenen sorgen für eine klare Gliederung des weiß getünchten Baukörpers. Gran Canarias berühmter Bildhauer Luján Pérez (1756–1815) schuf drei der *Heiligenfiguren* im Inneren der Kirche: die Virgen de la Esperanza, San Vicente und Santo Domingo.

TOP TIPP

Das historische Zentrum mit seinen engen, zumeist gepflasterten Gassen und hübschen zweistöckigen Häusern rings um den Kirchplatz **Plaza del Rosario** wurde bereits zweimal wegen seines gepflegten Ambientes von der Inselregierung ausgezeichnet. Allerorten schmücken Bronzefiguren die Plätze. Sie sind Teil eines Skulpturenparks zu berühmten Persönlichkeiten und historischen Ereignissen des Ortes, der unter dem Motto **Museo al Aire Libre** als Kulturprojekt der Gemeinde Agüimes entsteht. Eine bei der Touristeninfo erhältliche Liste erklärt die Bewandtnis der inzwischen drei Dutzend Werke.

Der Geschichte der Altstadt widmet sich das **Centro de Interpretación del Casco Histórico** (Juli–Sept. Mo–Fr 8–14, Okt.–Juni Mo 8–15, 16–18.30, Di–Fr 8–15

Uhr) in dem hübschen Gebäude der Touristeninformation.

i Praktische Hinweise

Information

Información Turística, Plaza de San Antón s/n, Agüimes, Tel. 928 12 41 88, www.aguimes.es

Einkaufen

Zwei Märkte bieten gute Einkaufsmöglichkeiten: in Nähe von Busstation und Schwimmbad, Agüimes (Do 9–14 Uhr), Cruz de Arinaga (Fr 9–14 Uhr)

Hotels

TOP TIPP **Hotel Rural Casa de los Camellos**, Calle Progreso 12, Agüimes, Tel. 928 78 50 03, www.hecansa.com. Von der Inselregierung als Hotelfachschule geführtes, zauberhaftes kleines Haus (12 Zimmer) in einer früheren Karawanserei mit dem hervorragenden Restaurant El Oroval.

Villa de Agüimes, Calle Sol 3, Agüimes, Tel. 928 78 50 03. Mitten in der Altstadt, im einstigen Rathaus beheimatetes Hotel. Die 7 m hohen Räume mit Holzdecken sind stilvoll altspanisch eingerichtet.

Keiner der Kontrahenten will nachgeben und sich aufs Kreuz legen lassen

Lucha Canaria, der traditionelle Volkssport

Mit bloßem Oberkörper trat vor etwa 500 Jahren der **Guanchen-Luchador** Maguer vor den spanischen König Juan II. und forderte einen Gegner, um seine Kraft und sein Geschick zu beweisen. Doch niemand auf dem Festland beherrschte bis dahin den **kanarischen Ringkampf**. Dieser zeichnet sich durch seinen besonderen Wettkampfethos aus, denn kein Griff darf dem Gegner Schmerzen bereiten. Die **Lucha Canaria** konnte auf den kanarischen Inseln ihre Tradition auch nach der spanischen Eroberung lebendig erhalten. Heute verfügt fast jedes Dorf über einen **Terrero**, wie die mit Sand gefüllte Arena in den Turnierhallen genannt wird. Die Ergebnisse der Kampfspiele werden in den Montagszeitungen veröffentlicht und am Ende der Saison überträgt das Fernsehen die Ausscheidungskämpfe zwischen den Inseln um die kanarische Meisterschaft.

Lange Zeit wurde der Ringkampf als folkloristisches Spektakel inszeniert, sportlich wurde es erst, als 1948 die **Federación de Lucha Canaria** gegründet wurde. Heute gibt es 98 Vereine und 120 Ringplätze auf den Inseln mit rund 4000 Mitgliedern, seit einigen Jahren auch sechs weibliche ›Mann‹schaften.

Bekleidet sind die Luchadores mit Hemden und bis an die Oberschenkel hochgekrempelten Hosen. Am gekrempelten Wulst fasst der Gegner mit der linken Hand zu. Vor dem Startpfiff des Schiedsrichters stehen sich die Kämpfer in gebückter Haltung gegenüber, die rechte Hand berührt den Boden.

Grundregel der Lucha ist, **keine Aggression** aufkommen zu lassen. Es gibt weder Schläge noch Tritte, auch der ›Schwitzkasten‹ ist verboten. Sonst dürfen die Luchadores drücken, zerren, ziehen, schleudern und vor allem heben. Denn es gilt, mit Kraft und Tricks den Körper des anderen aus dem Gleichgewicht zu bringen. Wer den Sandboden zuerst mit einem anderen Körperteil als den Fußsohlen berührt, hat verloren. Stets hilft der Sieger dem Besiegten wieder hoch und verabschiedet sich von ihm mit einem freundlichen Klaps.

Die Ringkämpfe finden meistens am Wochenende statt, bei Engpässen in der Spielsaison auch schon donnerstags oder freitags. Wer sich für die Lucha Canaria interessiert, fragt am besten in der nächsten Dorfbar nach dem Spielplan oder nach der Adresse des Terrero, wo der Spielplan aushängt.

Sehr beliebt ist das gemütliche Halbdunkel der Höhlenbar im Barranco de Guayadeque

50 Barranco de Guayadeque

TOP TIPP *Picknickfreuden und altkanarische Siedlungsspuren in herrlich idyllischer Natur.*

Das schöne, fast immer grüne Tal, das sich nordwestlich von Agüimes öffnet, ist eines der beliebtesten Ausflugsziele der Insel. Es birgt zudem viele altkanarische Grabstätten, die hier erhalten blieben, da sich zwischen die unwegsamen Felshänge früher kaum jemand verirrte. Das schützte die archäologischen Schätze vor Grabräubern. Heute haben sich in den **Höhlen** des Barranco wieder Menschen wohnlich eingerichtet. Solarzellen liefern umweltfreundlichen Strom für die Laternen. Die Höhlenwohnungen auf der linken Talseite werden inzwischen gerne von Touristen besucht. Mitten im Höhlenkomplex liegt hier direkt an der Straße die kleine **Höhlenkapelle Beñesmen**. Sie ist an den Wochenenden und zu kirchlichen Feiertagen geöffnet, am wichtigsten ist dabei die große *Fiesta* in der vierten Augustwoche.

Am Taleingang zeigt das archäologisch-naturwissenschaftliche **Centro de Interpretación de Guayadeque** (Di–Sa 9–17, So 10–15 Uhr) u. a. altkanarische Fundstücke aus dem *Barranco*. Hier wird auch die Entwicklungsgeschichte der Schlucht dokumentiert: von ihrer Entstehung vor etwa 14 Mio. Jahren über ihre Besiedlung durch die Guanchen bis hin zum heutigen Tag. Übrigens ist das Wichtigste auch in Deutsch beschriftet! Man kann in diesem angenehmen und interessanten, in den Barranco-Felsen hinein gebauten Museum leicht mehrere Stunden verbringen.

Im *Barranco* mangelt es zwar nicht an Restaurants, aber an den Wochenenden vielleicht an freien Tischen darin. In die-

Zum Krater de los Marteles

Zwischen üppiger Vegetation, Kiefernwald und kargen, steil aufragenden Felsen führt eine mittelschwere Tour (rund 4–5 Std.) auf meist gut erkennbaren Wegen vom mittleren Teil des **Barranco de Guayadeque** gut 600 Höhenmeter hinauf zum Krater de los Marteles. Dabei passiert man streckenweise auch Geröllflächen, die unbedingt gutes Schuhwerk erfordern. Die steilen Basaltwände des einstigen Vulkankegels eröffnen herrliche Blicke in die canyonartige Landschaft.

Da die Wege im Barranco de Guayadeque nicht durchgehend markiert sind und Wanderungen für Ortsunkundige daher sehr mühsam sein können, empfiehlt es sich, längere Touren mit **organisierten Gruppen** zu unternehmen. Renommierte Anbieter sind die *Alpinschule Innsbruck* (www.asi.at) sowie direkt auf Gran Canaria *Roland Weimer & Jörg Kroler* (www.grancanariamitroland.de oder www.wandern-grancanaria.de).

Markanter Blickpunkt Ingenios ist die weiße Kuppel der Pfarrkirche

sem Fall kann man es den Einheimischen nachmachen, die den ganzen *Barranco* entlang ihre Wagen parken und ihre Picknickkörbe auspacken.

Praktische Hinweise

Restaurants

Guayadeque, Barranco de Guayadeque, Tel. 928 17 22 02. Das urige Restaurant an der Höhlenkapelle bietet preiswerte kanarische Küche.

Tagoror, Montaña Las Tierras 21, Barranco de Guayadeque, Tel. 928 17 20 13, www.restaurante-tagoror.com. Sehr voll kann es in dem typischen kanarischen Grottenrestaurant am hinteren *Barranco*-Rand werden, wenn für Touristen Folklore geboten wird. Spezialität: Spanferkel.

51 Ingenio

Die fleißigen Frauen von Ingenio sind weithin berühmt für ihre prachtvollen Hohlsaumstickereien.

Ingenio bedeutet auf spanisch ›Zuckermühle‹, und tatsächlich stand hier im 16. Jh. die größte Zuckerfabrik der Insel. Erst 1819 wurde Ingenio als eigenständige Gemeinde unabhängig vom jenseits des *Barranco de Guayadeque* gelegenen Agüimes. Heute allerdings hat es die kleinere Schwesterstadt überrundet.

Immerhin gut 30 000 Einwohner leben in Ingenio und seinen ausgedehnten Vororten, vor allem im dicht bewohnten **Carrizal** (3 km Richtung Küste). Die meisten arbeiten am Flughafen oder in den Tourismuszentren des Südens. Die Landwirtschaft hat nur noch geringe Bedeutung, auch wenn nach wie vor Paprika und Tomaten angebaut werden.

Den Weg in das historische Zentrum von Ingenio und zum hübschen, von geduckten kleinen Häusern gerahmten Kirchplatz weisen schon von weitem die Türme der **Pfarrkirche**. Sie wurde erst 1907 erbaut und beherbergt als größte Kostbarkeit das Bildnis der ›*Virgen de la Candelaria*‹ (16. Jh.) und deren wertvollen Kirchenschatz..

Wirklichen Ruhm aber verdankt Ingenio den **Hohlsaumstickereien**, die die Frauen des Ortes unter Anleitung einiger besonders rühriger Gemeindemitglieder fertigen. Ihr Aushängeschild ist gleichzeitig das Ziel der meisten Besucher: das **Museo de Piedra y Artesanía** (Tel. 928 78 11 24, Mo–Sa 8–18 Uhr), das im nördlichen Vorort *Mejias* direkt an der GC-100 liegt. Das Museum verdankt seinen Namen seiner Stein- und Mineraliensammlung. Daneben werden aber auch Kunsthandwerk, wie eben jene Hohlsaumstickereien der Frauen von Ingenio, Keramik und Korbwaren, sowie landwirtschaftliche Werkzeuge gezeigt.

Als besonderes Schmuckstück des Museums gilt die frühere **Kapelle** von Doña

Höchste Kunst im Umgang mit Geduldsfäden zeigen Ingenios Hohlsaumstickerinnen

Lucia Espino und Don Francisco Gil Mendoza. Sie ist vom Innenhof aus zugänglich und beherbergt die in schweres Brokat gekleidete Marienstatue der ›*Nuestra Señora de los Volcanes*‹ aus dem 19. Jh. In Anbetracht all der *Votivgaben* für ›Unsere liebe Frau‹, die sich hier angesammelt haben, wirkt die Kapelle wie ein Sakralmuseum.

Angegliedert an den eindrucksvollen, verschachtelten Museumskomplex ist ein großer **Kunsthandwerksladen**, in dem Hohlsaumstickereien und Webarbeiten angeboten werden. Besucher können bei der Herstellung zusehen. Der gut sortierte Laden führt außerdem Bücher über Gran Canaria und Landkarten der Insel.

52 Cuatro Puertas

TOP TIPP *Heilige Stätte der Altkanarier und Höhlenlabyrinth in imposanter Lage.*

›Vier Türen‹ bedeutet der spanische Name des altkanarischen Heiligtums von Cuatro Puertas. Er bezieht sich auf die vier Öffnungen in einer großen Höhle, die auf

Fächer für jede Gelegenheit gibt es im Museo de Piedra y Artesanía von Ingenio

Ritueller Versammlungsort und Zufluchtsstätte der Guanchen: Cuatro Puertas

halber Höhe des Berges **Huimaga** von Menschenhand erweitert wurde. Sie diente vermutlich den Altkanariern als Kult- und Versammlungsort. Man erreicht sie über die etwa auf halber Strecke zwischen Ingenio und Telde ausgeschilderten Abzweigung. Das gesamte Areal von Cuatro Puertas ist eingezäunt, jedoch für Besucher in der Regel jederzeit frei zugänglich.

Über der Höhle befindet sich ein Trankopferaltar mit charakteristischen **Felsritzungen** und **-rinnen**, ähnlich dem vom Roque Bentayga [Nr. 39] im Inselinneren. Wie dieser gilt auch der ganze Huimaga als *Almogaren*, als heiliger Berg. Auf der Südseite findet sich ein Höhlensystem, das die Ureinwohner wohl als Zufluchtsstätte nutzten.

53 Telde

Ihre malerische Altstadt ist der besondere Stolz der zweitgrößten Stadt Gran Canarias.

Teldes (101 000 Einw.) *Centro Histórico Artistico* besteht aus den beiden Stadtteilen San Juan und San Francisco im Norden und zählt zu den schönsten historischen Zentren der Insel.

Vier alte, schön zurückgestutzte Indische Lorbeerbäume schmücken die hübsche **Plaza San Juan**, den Mittelpunkt der Altstadt. Sie wird gesäumt vom attraktiven Rathaus und von zweistöckigen Häusern im traditionellen kanarischen Stil mit Holzbalkonen aus kanarischem *Tea-Holz*. Blickfang des Platzes ist jedoch die namengebende Pfarrkirche

TOP TIPP **San Juan Bautista** (mittags geschl.), die ab 1519 errichtet und im 18. Jh. fertig gestellt wurde. Aus der Gründungszeit stammt das hübsche *Hauptportal* mit seinem grazilen Rankenwerk aus Stein. Wuchtig wirken dagegen die beiden Türme mit ihren oktogonalen Aufsätzen, die später hinzugefügt wurden. Als eine der ältesten Kirchen der Insel bietet San Juan Bautista im Chorbereich ein schönes Beispiel für den aus Andalusien übernommenen *Mudéjar-Stil*. Die Hauptchorkapelle prunkt mit einem prachtvollen barocken *Altaraufsatz*, dessen zarte Skulpturen ganz vergoldet sind. Das wahre Glanzstück ist der flämisch-gotische Mittelteil des Aufsatzes aus dem 16. Jh. Er besteht aus einer dreiteiligen Altarwand, die sechs Szenen aus dem Leben Mariens wiedergibt: links oben ›Mariä Heimsuchung‹, darunter ›Hochzeit mit Joseph‹, in der Mitte oben ›Geburt Christi und Anbetung der Hirten‹, darunter ›Verkündigung‹, rechts oben ›Beschneidung Christi im Tempel‹, darunter ›Anbetung der Heiligen Drei Könige‹. Besonders hübsch ist die ›Hochzeit‹: Die Damen tragen einen typisch flämischen Kopfschmuck. Herrlich ist der

Faltenwurf aller Kleider, geradezu raffiniert, wie man die grüne Innenseite der Mäntel sieht. Auch das feine Maßwerk des Altaraufsatzes erfreut den Betrachter.

Stifter des Retabels war Cristobal García del Castillo, der damals reichste Mann der Kanaren. Telde diente ihm als ›Sprungbrett‹, denn im 16. Jh. war der Ort das bedeutendste landwirtschaftliche Zentrum von Gran Canaria. Cristobals Sohn wurde zum Grafen (*Conde*) erhoben. Seine Nachkommen sind die Grafen De la Vega Grande, denen einst mehr als 70 % von Telde gehörten. Außerdem machte der Tourismusboom die Ländereien der Familie im Süden zu einer Goldgrube.

Eine weitere Preziose von San Juan Bautista ist das monumentale *Kruzifix* (16. Jh.) über dem Hochaltar. Nur Kopf, Hände und Füße Christi sind aus Holz, der restliche Körper wurde von mexikanischen Tarasco-Indianern aus einer Art Maschee aus Maiskolbenmark modelliert. Der Gekreuzigte ist 1,85 m groß und dennoch nur 7 kg schwer! Der glänzende Lack aus dem Saft eines besonderen mittelamerikanischen Samens ist dafür verantwortlich, dass die Leute von Telde behaupten, das Gesicht ihres Christus ändere ständig seine Farbe.

Rechts vom Eingang ist die **Taufkapelle**, die der Maler Jesús Arencibia (1912–1993) im Jahr 1948 mit dramatischen Fresken schmückte. Sie schildern den ›Sündenfall‹, die ›Kreuzabnahme‹ und die ›Himmelfahrt‹. Außerdem weist die Kirche einige Kunstwerke des Bildhauers Luján Pérez (1756–1815) auf.

TOP TIPP Über die Calle León y Castillo erreicht man links der Kirche die **Casa Museo de León y Castillo** (Nr. 43–45, www.fernandoleonycastillo.com, Mo–Fr 9–14, 17–20, Sa 10–20, So 10–13 Uhr). Der hübsche Stadtpalast ist aus zwei kleineren Häusern zusammengesetzt und hat daher auch zwei Innenhöfe. Es handelt sich um das Geburts- und Sterbehaus des Poeten Montiano Placeres Torn (1885–1938). Doch gewidmet ist das hier untergebrachte Museum dem Politiker Fernando de León y Castillo, der 1842 ebenfalls hier zur Welt kam. Neben Briefen, Dokumenten und Möbeln aus seiner Hinterlassenschaft ist auch seine Gemäldesammlung u. a. mit Werken des spanischen Post-Impressionisten Raimundo de Madrazo (1841–1920) zu sehen. 12 000 Dokumente bilden zudem den Grundstock eines bedeutenden Archivs zur spanischen Geschichte des 19. Jh..

Folgt man von der Kirche geradeaus der schmalen Gasse Inés Chemida, kommt man – vorbei an einer herrlich restaurierten historischen Wasserleitung mit Blick in einen gepflegten großen Obstgarten und über den Barranco hinweg – in das überaus malerische **Barrio San Francisco**. Das gesamte Viertel, in dem bereits kurz nach der spanischen Eroberung **Künstler** und andere »freie,

Voller Hingabe ist Marias Verlobung mit Josef in Teldes Kirche San Juan Bautista dargestellt

aber arme« Menschen lebten, wurde in den letzten Jahren umgestaltet und auf Hochglanz gebracht. Viele der einstigen Treppengassen sind nun leicht begehbare, gepflasterte Sträßchen. Außerdem hat die Fußgängerzone eine Erweiterung erfahren. Der heutige Besucher ist entzückt vom stimmungsvollen Ambiente des Barrio: Treppen und schmale Gassen, kleine Plätze, Häuser im kanarischen Stil, weiß getüncht mit roten Ziegeldächern, meist einstöckig, mit grünen Fenster- und Türrahmen.

Am Ende der Calle San Francisco blickt man auf die Südseite der kleinen Klosterkirche **San Francisco** mit ihrer schlichten klassizistischen Fassade. Der zweischiffige Bau, ab 1612 über einer Einsiedelei für Santa María de la Antigua aus dem spä-

Malerische Winkel bestimmen das Bild des Barrio San Francisco in Telde

Fernando de León y Castillo

Am 30. November 1842 wurde Fernando de León y Castillo in Telde geboren. In Las Palmas de Gran Canaria besuchte er das Collegio San Agustín, wo er mit dem späteren Dichter Pérez Galdós die Schulbank drückte. León y Castillo ging auf das Festland, studierte in Madrid Geschichte des 17. Jh. und Juristerei. Mit 24 Jahren war er Rechtsanwalt und schrieb als Redakteur und später als Chefredakteur für die linksliberale ›La Revista d'España‹.

Bald wurde er in Granada zum Gouverneur gewählt und machte als Minister in Madrid eine steile **politische Karriere**. Immer kümmerte er sich fürsorglich um die Belange seiner Heimat, der Kanarischen Inseln. Gemeinsam mit der Liberalen Partei, dem **Partido Liberal**, trat er den Unabhängigkeitsbestrebungen der Kanaren entgegen und setzte sich für deren Verbleib im spanischen Königreich ein. Als spanischer Botschafter in Paris organisierte Fernando de León y Castillo während des Ersten Weltkrieges den Gefangenenaustausch zwischen Deutschland und Frankreich.

Der engagierte Politiker starb 1918 im französischen Biarritz. Wie hoch sein Ansehen auf Gran Canaria war, spiegelt die Rückkehr seiner sterblichen Überreste in die Heimat zehn Jahre später und deren Bestattung in der Kathedrale von Las Palmas de Gran Canaria [Nr. 1] wieder. Diese Ehre gebührte ansonsten nur Geistlichen. Seine bedeutende gesellschaftliche Stellung im Ausland belegen gewichtige Erinnerungsstücke wie etwa der goldene Schlüssel der Stadt Paris, der im **Casa Museo** in Telde bewahrt wird.

Ebenfalls berühmt wurde sein Bruder **Juan de León y Castillo**, der als Ingenieur, Hafen- und Straßenbauer u.a. Projekte verwirklichte, die Fernando in Madrid für die Kanarischen Inseln durchgesetzt hatte: etwa den Hafen von Las Palmas, Puerto de la Luz [s. S. 34], oder den schönen Leuchtturm von Maspalomas [s. S. 83] sowie die meisten Häfen der Kanaren.

Politiker und Menschenfreund

ten 15. Jh. errichtet, hat allerdings seine einstige Bedeutung als religiöses Zentrum des Viertels verloren und ist seit 1836 verwaist. Nur während der *Semana Santa*, der Karwoche, wird es der Öffentlichkeit zugänglich gemacht. Sonst dürfen hier die Musiker einer lokalen Gruppe üben.

Hinter der Plaza San Francisco öffnet sich die Calle Porteria mit ihren weiß ummauerten Gärten, aus denen saftiggrüne Bananenblätter herausragen. Über die links abzweigende Calle Carreñas gelangt man wieder ins Zentrum und zur Pfarrkirche San Juan Bautista zurück.

i Praktische Hinweise

Information

Información Turística, Calle León y Castillo 2, Telde, Tel. 928 68 13 63, www.telde.es

54 Valsequillo

Das landwirtschaftliche Zentrum von Valsequillo zieht sich weit in den Barranco de San Miguel hinein. Ein Tal voller Mandelbäume, Obst- und Gemüsegärten.

Man sieht es dem Straßendorf in 574 m Höhe, das mit seinen Anhängseln etwa 9100 Einwohner zählt, heute nicht mehr an, dass es zur Zeit der Altkanarier zum Königreich von Telde gehörte. Wegen seines Wasserreichtums nannten die Altkanarier das Tal *Tenten-Iguada*, ›reich an Wasser‹. Der hübsche Nachbarort 5 km weiter westlich trägt noch heute diesen Namen.

Ausgesprochen lebhaft geht es zu, wenn Valsequillo am ersten oder zweiten Sonntag im Februar im Wechsel mit Tejeda [Nr. 40] das **Mandelblütenfest** feiert. Die ausgelassenen Festlichkeiten sind von Folkloredarbietungen begleitet. An den Verkaufsständen werden traditionelle Handwerksarbeiten feilgeboten und reichlich kulinarische Köstlichkeiten – Mandelkuchen, Marzipan und natürlich den Ziegenkäse Queso de Flor Valsequillo.

Die weit auseinander gezogene Streusiedlung Valsequillo bietet architektonisch keine besonderen Reize. Sehr hübsch ist aber die Lage in dem weiten, blühenden **Barranco de San Miguel**. Eine Reihe besonders schöner Ausblicke kann man bereits bei der Anfahrt, sei es von Westen oder Osten, genießen.

Blumenkäse

Die Käserei in Valsequillo stellt den qualitätvollen und allseits beliebten Ziegenkäse **Queso de Flor Valsequillo** her. Er wird auf allen traditionellen Festen im Ort und in der Umgebung verkauft. Mittlerweile ist er auf Märkten und in vielen Läden zu finden, doch am preiswertesten kaufen Besucher die schmackhafte Delikatesse direkt beim Hersteller: Queso Flor de Valsequillo S.A.T., Calle Salvia 14, www.quesosflorvalsequillo.com (von Telde kommend links, schräg gegenüber der Tankstelle), Eingang durch den Hinterhof.

Seinen ungewöhnlichen Namen verdankt der ›Blumenkäse‹ dem Einfall, zu seiner Herstellung Artischockenblüten-Ferment zu nehmen statt des sonst üblichen Kälber-Labs.

Auf der sehr schönen Strecke von Valsequillo ins Inselinnere lohnt sich ein Halt in dem Dorf **Tenteniguada** – und sei es wegen der Erfrischungen (s. u.).

i Praktische Hinweise

Restaurant

La Culata, Calle Las Surtecillas 1 (links der Hauptstraße), Tenteniguada, Tel. 928 57 04 79. Familienbetrieb mit Terrasse am *Barranco*-Rand oberhalb der Gemüsegärten. Kanarisch-spanische Gerichte und gutes Fleisch vom Grill.

Gran Canaria aktuell A bis Z

Vor Reiseantritt

ADAC Info-Service:
Tel. 018 05/10 11 12 (0,14 €/Min.)

Unter dieser Telefonnummer oder bei den ADAC Geschäftsstellen können ADAC Mitglieder umfangreiches und kostenloses **Informations- und Kartenmaterial** anfordern.

ADAC im Internet:
www.adac.de
www.adac.de/reisefuehrer

Gran Canaria im Internet:
www.grancanaria.com
www.grancanariainfo.de
www.laguiadegrancanaria.com

Informationen bietet auch das Spanische Fremdenverkehrsamt: **Turespaña**, www.spain.info

Deutschland
Lietzenburgerstr. 99/6. OG, 10707 Berlin, berlin@tourspain.es

Grafenberger Allee 100, 40237 Düsseldorf, duesseldorf@tourspain.es

Myliusstr. 14, 60323 Frankfurt/Main, frankfurt@tourspain.es

Postfach 15 19 40, Schubertstr. 10, 80336 München, munich@tourspain.es

Prospektbestellung und allgemeine touristische Auskünfte in Deutschland: Tel. 01 80/300 26 47

Österreich
Walfischgasse 8/14, 1010 Wien, Tel. 08 10/24 24 08, viena@tourspain.es

Schweiz
Seefeldstr. 19, 8008 Zürich, Tel. 008 00 10 10 50 50, zurich@tourspain.es

Allgemeine Informationen

Reisedokumente

Für eine Reise nach Gran Canaria genügt ein *Reisepass* oder *Personalausweis*, Kinder unter 13 Jahren benötigen einen *Kinderreisepass* mit Foto.

Kfz-Papiere

Führerschein, Zulassungsbescheinigung Teil 1 (vormals Fahrzeugschein) und Internationale Grüne Versicherungskarte.

Krankenversicherung

Die Europäische Krankenversicherungskarte ist in die übliche Versicherungskarte integriert. Sie wird in ganz EU-Europa anerkannt und garantiert die medizinische Versorgung. Zusätzlich empfiehlt sich jedoch der Abschluss einer Reisekranken- und Rückholversicherung.

Hunde und Katzen

Für Hunde und Katzen ist bei Reisen innerhalb der EU ein gültiger, vom Tierarzt ausgestellter EU Heimtierausweis vorgeschrieben, ebenso die Kennzeichnung durch Mikrochip oder Tätowierung. Hunde, die als potenziell gefährlich eingestuft werden, müssen mit Maulkorb an der Leine geführt werden.

Zollbestimmungen

Die Kanarischen Inseln und somit auch Gran Canaria sind **Freihandelszone**, trotz Anschluss an die EU. Ansonsten gelten die üblichen Richtlinien für die Ausfuhr von Waren zum eigenen Gebrauch wie für Nicht-EU-Länder, d.h. es dürfen mitgeführt werden: 200 Zigaretten, 100 Zigarillos, 50 Zigarren oder 250 g Rauchtabak, 50 g Parfüm, 1 l Spirituosen mit mehr als 22 % Alkohol bzw. 2 l mit weniger als 22 % Alkohol. Bei Einreise in die Schweiz bleiben zollfrei: 200 Zigaretten oder 50 Zigarren oder 250 g Tabak, 2 l alkoholische Getränke bis zu 15 % und 1 l Spirituosen über 15 % (für Personen ab 17 Jahren), andere Waren bis zu einem Gesamtwert von 300 CHF. Beschränkt ist dabei die Mitnahme von Lebensmitteln, siehe www.ezv.admin.ch.

Infos: Informationsstelle Zoll, Tel. 03 51/44 83 45 10, www.zoll.de

Geld

Gängige *Kreditkarten* werden in Banken, Hotels und vielen Geschäften akzeptiert. An zahlreichen *EC-Geldautomaten (Maestro)* kann man Bargeld abheben.

Tourismusämter im Land

Patronato del Turismo, Calle Triana 93, Las Palmas, Tel. 928 21 96 00

Avenida España/ Ecke Avenida EE.UU (beim Centro Comercial Yumbo), Playa del Inglés, Tel. 928 77 15 50

Aeropuerto de Gran Canaria (Ankunftsterminal Ausgang A), Telde, Tel. 928 57 41 17, www.grancanaria.com

Viele Orte verfügen über ein **Tourismusamt**, in dem vielfältiges Informationsmaterial erhältlich ist. Die Adressen sind im Haupttext unter den Praktischen Hinweisen aufgeführt.

Notrufnummern

Einheitlicher Notruf (*Urgencias*): Tel. 112 (EU-weit, auch mobil: Polizei, Unfallrettung, Feuerwehr)

Ärztlicher Notruf: Tel. 061

Pannenhilfe des RACE (Reial Automóvil Club de España): Tel. 915 93 33 33 (Hilfe ist kostenpflichtig)

ADAC Notrufstation Barcelona: Tel. 0034/935 08 28 28

ADAC Notrufzentrale München: Tel. 00 49/89/22 22 22 (rund um die Uhr)

ADAC Ambulanzdienst München: Tel. 00 49/89/76 76 76 (rund um die Uhr)

ÖAMTC Schutzbrief Nothilfe: Tel. 00 43/(0)1/251 20 00, www.oeamtc.at

TCS Zentrale Hilfsstelle: Tel. 00 41/(0)224 17 22 20, www.tcs.ch

Gesundheit

Auf Gran Canaria, vor allem im touristischen Süden, gibt es mehrere kleinere **Kliniken**, die über mehrsprachiges Personal verfügen. Auf die Empfehlung der Hotelrezeption bzw. des zuständigen Reiseleiters kann man sich in der Regel verlassen. Einen guten Ruf genießen in Playa del Inglés die *Skandinavische Klinik*, Avenida Gran Canaria 30, Tel. 928 77 15 38 und in Maspalomas das *Hospital San Roque Maspalomas*, Calle Mar de Siberia 1, Tel. 928 06 36 00, www.sanroquemaspalomas.com.

Diplomatische Vertretungen

Deutsches Konsulat, Calle Albareda 3/2, 35007 Las Palmas de Gran Canaria, Tel. 928 49 18 80, www.las-palmas.diplo.de

Österreichisches Konsulat, Hotel Eugenia Victoria, Avenida de Gran Canaria 26, 35300 Playa del Inglés, Tel. 928 76 25 00, www.bmeia.gv.at

Schweizer Konsulat, Urbanización Bahía Feliz, Edificio de Oficinas, Local 1, 35107 Playa de Tarajalillo, Gran Canaria, Tel. 928 15 79 79, www.eda.admin.ch

Besondere Verkehrsbestimmungen

Tempolimits (in km/h): Für Pkw, Motorräder und Wohnmobile bis 3,5 t gilt innerorts 50. Für Pkw und Motorräder gilt außerorts 90, auf Straßen mit mehr als einer Fahrspur in jeder Richtung und auf Schnellstraßen 100, auf Autobahnen 120. Für Pkw mit Anhänger gilt außerorts 70, auf Schnellstraßen und Autobahnen 80. Wohnmobile bis 3,5 t dürfen außerorts max. 80 fahren, auf Schnellstraßen und Autobahnen 90. Geschwindigkeitsüberschreitungen sowie Alkoholdelikte werden mit hohen Geldbußen geahndet.

Überholverbot besteht 100 m vor Kuppen sowie auf Straßen, die nicht mindestens 200 m zu überblicken sind.

Es besteht **Anschnallpflicht**. *Motorradfahrer* müssen einen Sturzhelm tragen. *Abschleppen* durch Privatfahrzeuge ist verboten. **Telefonieren** während der Fahrt ist nur mit einer Freisprecheinrichtung erlaubt. Die Verwendung von Head-Sets und Ähnlichem ist verboten.

Wegen der hohen **Brandgefahr** dürfen keine brennenden Zigaretten aus dem Wagen geworfen werden

Die **Promillegrenze** liegt bei 0,5. Für Personen, die den Führerschein noch keine zwei Jahre besitzen, gilt 0,3 Promille.

Gelbe Linien (zick-zack oder unterbrochene) am Fahrbahnrand bedeuten **Parkverbot**. An blauen Markierungen ist das Parken zeitlich begrenzt, Beschilderung beachten!

Das Tragen einer reflektierenden **Warnweste** beim Verlassen des Fahrzeuges im Falle einer Panne oder eines Unfalls außerhalb geschlossener Ortschaften ist vorgeschrieben. Alle nach hinten über ein Fahrzeug hinausragenden Dachlasten und Ladungen müssen mit einer 50 x cm großen rot-weiß diagonal schraffierten *Warntafel* gekennzeichnet sein.

Zeit

WEZ, also MEZ minus 1 Stunde, wobei die Sommerzeit gleichzeitig mit der mitteleuropäischen beginnt und endet.

Anreise

Flugzeug

Praktisch alle Besucher Gran Canarias reisen mit dem Flugzeug an. Die Flugzeit von Mitteleuropa aus beträgt im Schnitt viereinhalb Stunden. Charterflüge werden das ganze Jahr hindurch direkt von den Fluggesellschaften bzw. über die Reiseveranstalter angeboten. Direkte Flüge mit Air Berlin, Condor und Tui Fly gibt es ab Berlin, Dresden, Düsseldorf, Frankfurt, Hamburg, Hannover, Köln-Bonn, Leipzig-Halle, München und Stuttgart.

Der Internationale Flughafen **Aeropuerto de Gando** von Gran Canaria liegt zwischen der Hauptstadt Las Palmas und den Touristenzentren der Costa Canaria, etwa 20 km südlich von Las Palmas. Vom Flughafen fahren Stadtbusse (*Guaguas*) alle 20–30 Minuten direkt nach Las Palmas. Auch Taxis (Festpreise bzw. Taxameter) sind problemlos zu bekommen.

Flughafen-Auskunft:
Aeropuerto de Gando, Tel. 902 40 47 04, www.aena-aeropuertos.es

Iberia, Tel. 902 40 05 00, www.iberia.com
Binter Canarias, Tel. 902 87 57 87, www.bintercanarias.com (innerkanarisch)

Schiff

Die Schiffsanreise plus Pkw ist möglich, aber nicht empfehlenwert. Die *Acciona Trasmediterránea* (Tel. 928 47 44 44, www.trasmediterranea.es) verbindet Gran Canaria mit Cádiz auf dem spanischen Festland.

Passagierschiffe der Gesellschaften *Naviera Armas* (www.navieraarmas.com) und *Fred Olsen Line* (Tel. 902 10 01 07, www.fredolsen.es) verkehren zwischen allen sieben Inseln des Kanarischen Archipels.

Regelmäßige **Fährverbindungen** gibt es ab der Mole des Puerto de la Luz, Las Palmas de Gran Canaria. Passagierschiffe verkehren mehrmals wöchentlich zwischen Las Palmas und Teneriffa, Lanzarote bzw. Fuerteventura.

Wer den Mietwagen mitnimmt, sollte unbedingt den Vertrag von der Leihfirma dafür abstempeln lassen, dann gilt die Versicherung auch für die Nachbarinsel.

Bank, Post, Telefon

Bank

Banken gibt es reichlich, vor allem in Las Palmas und Playa del Inglés. Sie sind normalerweise Mo–Fr 8.30/9–13.30/14 Uhr geöffnet, teilweise im Winter auch bis 17 Uhr und an Samstagvormittagen. Bankautomaten gibt es in fast jedem Ort.

Post

Postämter sind meist vormittags Mo–Fr 9–13, Sa 9–14 Uhr geöffnet. Briefe und Postkarten nach Mitteleuropa benötigen meistens mehr als eine Woche. Man bekommt Briefmarken (*Sellos*) auf der Post, in Tabakläden, beim Kauf von Postkarten am Kiosk und manchmal auch an der Hotelrezeption. Die Briefkästen sind gelb lackiert mit einem roten Posthorn.

Telefon

Internationale Vorwahlen:

Spanien 00 34
Deutschland 00 49
Österreich 00 43
Schweiz 00 41

Das Telefonieren vom Hotelzimmer aus ist bekanntlich immer teurer als vom Telefonamt oder aus der Telefonzelle. Telefonkarten (*Tarjetas telefónicas*) sind auf Postämtern, in Bars und Tabakläden zu kaufen. Internationale Gespräche sind zwischen 22 und 8 Uhr und an Sonn- und Feiertagen am günstigsten.

Die Benutzung handelsüblicher **Mobiltelefone** ist auf Gran Canaria möglich. Man sollte sich vor Reiseantritt über das günstigste Netz vor Ort informieren und das eigene Mobiltelefon entsprechend programmieren (Roaming).

Einkaufen

Geschäftszeiten im üblichen Sinne gibt es nur in den Städten: Mo–Sa 9/10–13/13.30 und 16.30/17–20 Uhr. In den Urlaubszentren bleiben die Geschäfte fast immer durchgehend bis spät nachts geöffnet.

Bücher über die Inseln und deren Kultur, Kunstbände u.ä. sowie Landkarten bekommt man in großer Auswahl in der gut sortierten *Libreria del Cabildo* in Las Palmas, Calle Cano, parallel zur Triana [s. S. 31].

Kaufhäuser gibt es in Las Palmas (etwa das *Corte Inglés*) und an der Costa Canaria [s. S. 82].

Märkte *(Mercadillos)* sind bei Einheimischen wie Touristen sehr beliebt. Sie finden inselweit nur vormittags etwa von 8 bis 13/14 Uhr statt. Von touristischem Interesse sind der Flohmarkt von Las Palmas (Sonntagvormittag) [s.S.31], der Viehmarkt (mit typischen Inselerzeugnissen) von Teror [Nr.4] am Sonntag, gleichzeitig auch in Santa Brígida [Nr.6] und Vega de San Mateo [Nr.5]. In San Fernando/Playa del Inglés [s.S.82] findet der Markt mittwochs und samstags statt, in Arguineguin [Nr.27] dienstags und in Puerto de Mogán [Nr.24] freitags. – Natürlich haben auch andere, kleinere Orte ihre Märkte, auf denen Obst und Gemüse sowie Haushaltswaren verkauft werden.

Das **Kunsthandwerk**, durch den Tourismus wieder belebt, bietet einige Möglichkeiten, sehr schöne Mitbringsel einzukaufen: **Hohlsaumstickereien** aus Ingenio [Nr.51], **Hirtenmesser** mit kostbar verziertem Griff aus Guía [Nr.12], **Töpferwaren** aus Arucas [Nr.2] und **Timples**, die kleinen fünfsaitigen Zupfinstrumente der Kanaren. Einen guten Überblick über das Angebot verschafft man sich in der Regel in den örtlichen Informationsstellen, denen meist eine Kunsthandwerksausstellung angegliedert ist.

An haltbaren Lebensmitteln lohnen sich trockene **Wurstwaren** und vor allem der **Blumenkäse** aus Guía und Valsequillo [Nr.12 und 54].

Die hervorragenden **Weine**, die auf den Kanarischen Inseln produziert werden, sind in guten Lebensmittelläden und Supermärkten erhältlich. Sie kosten freilich erheblich mehr als die Weine vom spanischen Festland. Da die Kanaren zollfrei bleiben durften, sind hier viele andere Alkoholika recht preiswert, vor allem die bekannten spanischen Marken.

Hochprozentiges Souvenir: Feuerwasser aus der historischen Rumfabrik von Arucas

Essen und Trinken

Zum Frühstück gehen die Grancanarios in die nächste **Bar** und trinken dort einen **Café**. Der ist klein und schwarz und sieht wie ein Espresso aus, wird aber gern in einem Glas serviert. Mit ein wenig Milchschaum obendrauf wird er zum **Café cortado**, einem ›gekürzten‹. Mit einem Schuss *Cognac* verwandelt er sich in einen **Carajillo** (Vorsicht: Es gibt im Spanischen ähnlich klingende Flüche und Vulgärwörter). Dazu bestellt sich ein Grancanario ein süßes Gebäck oder ein Sandwich.

Mittags und abends geht, wer es sich leisten kann, ins Restaurant und verspeist ein mehrgängiges Menü. Restaurants gibt es in allen Kategorien, von ganz einfach bis sehr fein. Als günstigere Alternative sind während der Mittagspause die *Tapas*-Bars immer gut besucht. Hier gibt es praktisch alle Speisen auch in halben Portionen, also **Media ración**, oder als **Ración** auf einem großen Teller. Auch die spanische **Tortilla**, eine Art Quiche aus Kartoffeln und Eiern, wird immer angeboten. Die Auswahl an **Tapas** kann unendlich groß sein. Grancanarios nennen diese Kleinigkeiten *Piscolabis*. Sie sind in einer Glastheke oder dahinter aufgereiht. Bei Bestellung werden sie in die Mikrowelle gesteckt – fertig ist das Essen. Es sei denn, man bestellt nur Kaltes, wie sauer eingelegte Sardinen (*Bouqerones*), Tintenfischsalat (*Ensalada de pulpos*) oder russischen Salat mit Wurzelgemüse, Erbsen, Eiern und Kartoffeln in Mayonnaise.

Deftige Hausmannskost wird auf Gran Canaria mit dem Schild **Comidas Caseras** angekündigt. In einer **Casa de Comidas** gibt es etwas zu essen, auch wenn es manchmal nicht so aussieht, weil sich das eigentliche Lokal in einem Hinterzimmer befindet. Etwas feiner ausgestattet ist normalerweise ein **Comedor**, was Essoder Speiseraum bedeutet.

Feiertage

1. Januar: Neujahr (*Año Nuevo*)

6. Januar: Heilige Drei Könige (*Los Reyes Magos*)

Die Semana Santa ist auf Gran Canaria begleitet von Prozessionen: Palmsonntag in Teror

März/April: Karfreitag. *Semana Santa*: Die Woche vor Ostern ist religiösen Feierlichkeiten vorbehalten, die Woche danach Wallfahrten. Jedes Dorf hat sein eigenes Fest – und auf der Insel geht so ziemlich nichts seinen gewohnten Lauf.

1. Mai: Tag der Arbeit (*Fiesta de Trabajo*)

30. Mai: Tag der Kanaren (*Día de las Islas Canarias*)

25. Juli: Sankt-Jakob-Tag (*Santiago*/ spanischer Schutzpatron)

15. August: Mariä Himmelfahrt (*La Asunción de la Virgen*)

12. Oktober: Nationalfeiertag (*Día de la Hispanidad*/Entdeckung Amerikas)

1. November: Allerheiligen (*Todos los Santos*)

6. Dezember: Tag der Verfassung (*Día de la Constitución*)

8. Dezember: Mariä Empfängnis (*Inmaculada Concepción*)

25./26. Dezember: Weihnachten (*Navidad*)

Festivals und Events

Da fast jedes Dorf mehrmals im Jahr ein Fest feiert, sollten sich interessierte Urlauber am besten schon vor der Reise über die aktuellen Veranstaltungen erkundigen. Hilfreich ist auch die Aufstellung in der deutschen Zeitschrift *Info Canarias* (www.infocanarias.com), die in Playa del Inglés wöchentlich erscheint und in den Touristenorten erhältlich ist. Gute Tipps bietet auch *Gran Canaria Olé*, www.grancanariaole.de

Januar/Februar

Zum **Festival de Música de Canarias** (Tel. 928 247442, www.festivaldecanarias.com) lädt die kanarische Regierung namhafte Orchester aus aller Welt auf die Inseln ein, natürlich auch nach Gran Canaria, wo z.B. Konzerte auf der Plaza Catalina in Las Palmas [Nr.1] stattfinden.

Den **Karneval** feiert Las Palmas [Nr.1] mit großartigen Umzügen und Straßenfesten auf der Plaza de Santa Ana oder im Parque Santa Catalina. Ebenfalls hoch her geht es in Playa del Inglés [s.S.80] und in anderen größeren Orten auf der Insel.

Das **Mandelblütenfest** wird an einem Sonntag im Februar [s.S.100] mit Folklore und Kostproben typischer regionaler Produkte abwechselnd in Tejeda [Nr.40] und Valsequillo [Nr.54] gefeiert.

April

Auf dem **Festival Internacional de Cine** (Tel. 928 446833, www.festivalcinelaspalmas.com) am Monatsanfang werden in Las Palmas neue internationale Filmproduktionen gezeigt.

29.4.: Der **Tag der Unterwerfung Gran Canarias durch die Krone von Kastilien** wird besonders emotional (auch als antispanische Demonstration) an der Fortaleza de Ansite [Nr.34] bei Santa Lucía de Tirajana [Nr.33] zelebriert.

Mai/Juni

Fronleichnam (*Corpus Cristi*) wird in Las Palmas [Nr.1] und Arucas [Nr.2] traditionell mit großem Aufwand gefeiert. Dazu gehört das Schmücken der Hausfassaden mit Palmen, Girlanden, Fahnen

Runzelkartoffeln und frischer Fisch

Die grancanarische Küche ist sehr **abwechslungsreich**, weil sie sowohl von der bäuerlichen, altkanarischen Lebensweise als auch von den vielen Seefahrernationen beeinflusst wurde, die die Insel aufsuchten. Grundsätzlich wird viel frisches Gemüse verwendet, vor allem beim fantasiereichen Eintopf **Puchero canario**, der auf keinem guten kanarischen Speiseplan fehlen darf. Die bevorzugte Zusammensetzung des Puchero ist Fleisch von Rind, Hammel, Schwein und/oder Huhn, eine würzige pikante Wurst (z.B. **Chorizo**, eine Blut-und Paprikawurst) und manchmal kommt noch Speck oder Rippe hinzu. An Gemüsesorten werden Kichererbsen, Karotten, Zwiebeln, Stachelgurken (Chayotefrucht), grüne Bohnen, Kartoffeln, Süßkartoffeln (Bataten), Kürbis, Bubangos (den Zucchini ähnlich), Mais und Kohl verwendet. An Gewürzen kommen Knoblauch, Safran, Kreuzkümmel oder Petersilie hinzu.

Zur Puchero-Brühe gehört der unentbehrliche **Gofio**, eventuell mit einer **Mojo** (eine scharfe Paprikasoße) oder **Cilantro** (aus Koriander). Das ›Kraftfutter‹ Gofio aus getrocknetem, dann geröstetem und gemahlenem Getreide und Mais war schon bei den Altkanariern das Grundnahrungsmittel. Mit dem steigenden Interesse der Besucher an einheimischen Bräuchen und Speisen erlebt Gofio auch in Restaurants eine Renaissance.

Fast einem Kult gleicht die Behandlung der **Kartoffel** in der kanarischen Küche. Etwa 50 Kartoffelsorten soll es auf den Kanarischen Inseln geben. Gute Köche verwenden die beiden qualitätvollsten: **Bonita** und **Negra** – ›die Schöne‹ und ›die Schwarze‹.

Ein Gericht kennt jeder Besucher eines kanarischen Restaurants: die **Papas arrugadas**. Die ›Runzelkartoffeln‹ sind klein, schwarz oder rot und mit einer Salzkruste ummantelt, die eigentlich von Meersalz herrühren sollte. Sie werden mit der Schale gegessen und mit einer leckeren Mojo gewürzt. Häufig stehen *Papas arrugadas con mojo* als Vorspeise im Menü.

Die feinen Restaurants der Insel haben die Rezepte aus Großmutters Küche entfettet sowie leichter und bekömmlicher gemacht, dem Geschmack tut das aber keinen Abbruch.

Tischlein-deck-dich auf grancanarisch

Bei den ländlichen **Fleischgerichten** dominieren Zicklein und Lamm, immer mit reichlich Knoblauch gewürzt. Für die Schärfe sorgen Pfeffer und Paprika, grobes Meersalz darf nicht fehlen, an Kräutern werden Koriander, Thymian und Oregano bevorzugt.

Unterwegs wird man in den Lokalen häufig Gebratenes bekommen, seien es Schweine- oder Rindersteaks, Hähnchen, Koteletts, Zicklein, Lamm, Kaninchen oder eine Art Gulasch. Speisekarten sind selten. Der Kellner informiert darüber, welche Tagesgerichte es gibt.

An den Küsten Gran Canarias beherrschen Fisch (**Pescado**) und Meeresfrüchte (**Mariscos**) die einfache Küche. Ein guter Fisch, etwa ein gekochter Wrackbarsch mit Salzkartoffeln oder eine **Vieja**, der vielleicht beliebteste Fisch der Kanaren, gekocht und mit einem Schuss Olivenöl und **Mojo verde**, grüner Soße, serviert, schmeckt einfach köstlich. Aber auch andere Fischarten sind ein Genuss. Ob kurz gebraten (*a la plancha*) oder schwimmend in Öl ausgebacken (*frito*) – da braucht man kaum noch Gewürze und Kräuter. Es wird auch gerne eine Platte mit diversen Fischen angeboten (**Frito misto**).

Etwas aufwändiger und teurer, aber für Fischfans ein delikates Essen ist **Cazuela de pescado**, der Fischtopf. Die Cazuela wird in der einfachen Küche aus Kopf und Schwanz eines großen

Fisches gemacht, die feinere Küche bietet sie mit Scheiben von Brasse, Barsch und Kabeljau an. Doch Kopf und Schwanz sind äußerst wichtig, denn daraus wird der Fischsud zubereitet, der der eingekochten Brühe aus Zwiebeln, frischen Tomaten, Paprika, Olivenöl und Weißwein erst den richtigen Pfiff gibt. **Caldo de pescado** ist die einfache und doch sehr leckere dicke Fischsuppe aus Fischresten und ein wenig Fischfleisch!

Hervorragend ist der **Käse** Gran Canarias, ob frisch oder gelagert, meist aus Ziegenmilch gemacht. Eine Spezialität der Insel, vor allem aus Guía [Nr.12] oder Valsequillo [Nr.54], ist *Queso de Flor*, ›Blumenkäse‹. Er wird mit dem Saft der Artischockenkarde fermentiert statt mit dem üblichen Kälber-Lab. Das hält den Käse länger zart, gibt ihm allerdings auch einen intensiveren Ziegengeschmack. Deshalb wird die Ziegenmilch teilweise mit Schafs- oder Kuhmilch vermischt angesetzt.

Zum Essen sollte man einen kanarischen **Wein** bestellen. Am besten vertreten sind Teneriffa-Weine aus Tegueste und Tacoronte. Es gibt aber auch welche von der kleinen Nachbarinsel El Hierro, aus La Palma und vom vulkanischen Lanzarote. Auch auf Gran Canaria gedeihen hervorragende Weine, die durch die Ursprungsbezeichnungen ›Monte Lentiscal‹ und ›Gran Canaria‹ klassifiziert werden. Je nach Anbaugebiet variiert ihr Geschmack von fruchtig bis sehr aromatisch. Was das **Bier** angeht, scheint keine Marke dieser Welt im touristischen Gran Canaria zu fehlen, auch jene Spaniens nicht.

Zum **Nachtisch**, der hier gern sehr süß genossen wird, passt auch der *Likör* mit Honig, der aus dem *Rum* von Arucas [Nr.2], dem besten der Insel, gewonnen wird. Die beiden leckersten grancanarischen Dessert-Spezialitäten stammen aus dem Tal von Tejeda [Nr.40]. Die eine ist schlichtweg Marzipan. Die andere besteht ebenfalls aus Mandelmus, ist aber mit Honig cremig verrührt und heißt **Bienmesabe**, wörtlich übersetzt ›das schmeckt mir gut‹. Ansonsten werden **Turrón** angeboten, eine Art Nougat aus Eier-Mandel-Masse, und **Flan**, also Vanillepudding mit Karamell, sowie frisches Obst und Eiscreme.

und diversen Kunstgewerbeartikeln wie Körben oder Webarbeiten. Die Straßen werden mit Blumenteppichen oder solchen aus bunten Sägespänen, gefärbtem Salz, bunten Eierschalen u.ä. ausgelegt – eine vergängliche Pracht für die darüber schreitende andächtige Prozession.

24.6.: Zum **Stadtgründungsjubiläum** von Las Palmas de Gran Canaria [Nr.1] gibt es kulturelle, Sport- und Freizeit-Programme (Geschäfte und Museen sind geschlossen, eingeschränkter Busverkehr). Telde [Nr.53] und Arucas [Nr.2] feiern ihren Schutzpatron *San Juan Bautista*.

Juli

16.7.: Die **Fiestas del Carmen** im Hafenviertel Puerto de la Luz von Las Palmas [Nr.1], in Gáldar [Nr.14] und San Bartolomé de Tirajana[Nr.36] rahmen ein buntes Folkloreprogramm.

25.7.: Die volkstümliche Prozession zu Ehren des **Santiago de los Caballeros** in Gáldar [Nr.14] ist Auftakt für ein Straßenfest und Feierlichkeiten, die 2–3 Wochen dauern, Folklore und kanarischer Ringkampf (*Lucha Canaria*) inbegriffen.

Juli/August

Beim **Festival de Teatro y Danza de las Palmas de Gran Canaria** (Tel. 928 44 66 53, www.teatroydanzalaspalmas.com) in Las Palmas kommen Theater- und Tanzfreunde auf ihre Kosten.

August

4.8.: Die sehr volkstümlich-religiöse **Bajada de la Rama** (Fest der Kiefernzweige), in Puerto de las Nieves [Nr.17] und Agaete [Nr.16] geht auf die Altkanarier zurück.

5.8.: Zur **Fiesta Virgen de las Nieves** wird das Bildnis der ›Jungfrau vom Schnee‹ aus der Kapelle in Puerto de las Nieves in einer *Prozession* nach Agaete geführt [s. S.66].

15.8.: Das **Marienfest** in Santa María de Guía [Nr.12] ist eines der größten Volksfeste der Insel.

17.8.: Das Bildnis der ›**Virgen de las Nieves**‹ wird zur Wallfahrtskapelle in Puerto de las Nieves zurückgetragen und mit viel Musik, Feuerwerk und Tanz auf den Straßen gefeiert [s. S. 66].

September

8.9.: Die Schutzheilige der Kanarischen Inseln, ›**Nuestra Señora del Pino**‹, wird hauptsächlich in Teror [Nr.4] gefeiert, aber auch in vielen anderen Ortschaften

Hübsch in Tracht zeigt man sich in Teror zur Fiesta der Nuestra Señora del Pino

der Insel. Bei der Wallfahrt treffen sich die Repräsentanten aller Orte mit typischen Produkten (Fisch und Käse, Obst und Gemüse, Kunsthandwerkliches) und legen ihre Gaben zu Füßen der festlich gekleideten Madonnenfigur nieder.

10.9.: Das **Tümpelfest** in La Aldea de San Nicolás [s.S.67] dürfte auch Touristen Vergnügen bereiten. Es geht auf den Bischof Delgado y Venegas zurück, der, als er 1766 das Dorf besuchen wollte, nackte Männer und Frauen in einem nahen Tümpel vorfand. Der Bischof war so entrüstet, dass er alle Dorfbewohner exkommunizierte. Daran erinnern die Menschen von La Aldea de San Nicolás, indem sie sich während der Fiesta gegenseitig in einen Teich werfen, allerdings in voller Montur. Bei einem Wettbewerb geht es darum, die meisten Fische aus dem Teich zu ziehen.

Oktober

5.10.: In Agüimes [Nr.49] findet die **Fiesta de la Virgen del Rosario** (Fest der Jungfrau vom Rosenkranz) statt, an dem sich flinke junge Männer im altkanarischen Stockkampf (*Juego del palo*) messen, andere im Ringen (*Lucha Canaria*).

November/Dezember

Rancho de Animas nennen die Leute von Teror [Nr.4] ihr Fest, bei dem die ältesten Männer des Städtchens eine improvisierte Musikkapelle bilden, durch die Straßen ziehen und alte kanarische Lieder singen. Das Geld, das sie dabei sammeln, spenden sie für das Seelenheil der Sünder im Fegefeuer. *Ranchos de Animas* werden auch in mehreren anderen Dörfern veranstaltet.

Dezember

Krippenspiel in Mogán [Nr.23] und Ingenio [Nr.51].

Klima und Reisezeit

Gran Canaria ist ein *Ganzjahresziel* bei mittleren Temperaturen von 20 °C. Regen, kurz und heftig, fällt zwischen Oktober und März, am ehesten im Januar und Februar. Die ausgeglichensten Urlaubsmonate sind März bis Juli.

Auf den Höhen und im Norden (besonders in Las Palmas) bilden sich tagsüber oft tief hängende Wolken (*Pancha del burro*, ›Eselsbauch‹, nennen sie die Palmeros) durch den Nordostpassat, vor allem in den Wintermonaten.

Als beste Reisezeit gilt der Winter, da man als Mitteleuropäer dann in relativ kurzer Flugzeit in wärmere Gefilde kommt. Aber besonders schön ist auf Gran Canaria das Frühjahr ab März bis Juni.

Klimadaten Las Palmas

Monat	Luft (°C) min./max.	Wasser (°C)	Sonnen-std./Tag	Regen-tage
Januar	14/21	19	6	6
Februar	14/22	18	6	3
März	15/22	18	7	3
April	16/22	18	8	2
Mai	17/23	19	9	1
Juni	18/24	20	9	1
Juli	19/25	21	9	1
August	21/25	22	9	1
September	21/261	23	8	1
Oktober	19/28	23	7	4
November	18/24	21	6	6
Dezember	16/22	20	5	6

Kultur live

Neben den vielen religiösen und kulturellen Festen versprechen die **Theater** auf Gran Canaria gute Unterhaltung. Interessante Aufführungen sind nicht nur auf den großen Bühnen in Las Palmas de Gran Canaria zu sehen, sondern auch im Teatro Municipal in Agüimes [Nr.49] (Plaza Mayor), im Teatro Municipal in Gáldar [Nr.14] sowie im Teatro-Cine Hepérides in Santa María de Guía [Nr.12].

Das **Kulturzentrum** der Insel befindet sich in Las Palmas (Calle Pérez Galdós/ Ecke Bravo Murillo). Kleinere Kulturzentren sind das *Moderno Cinema* von La Aldea de San Nicolás [s.S.67] und die *Casa de Cultura* von Telde [Nr.53] (Calle Poeta Pablo Neruda). Auch sie sorgen für Abwechslung im Veranstaltungskalender.

Nachtleben

Nachtschwärmer finden auf den Webseiten www.las-palmas-24.com und www.maspalomas-tonight.com aktuelle Infos zu Klubs, Bars und Special-Events in der Hauptstadt bzw. im Ferienzentrum des Südens.

Bars mit Livemusik

Charleston Café, Calle Buenos Aires 14, Las Palmas, Tel. 928 37 24 92. Livemusik, Tanzshows und Kleinkunst (Di–Sa ab 21 Uhr, aber schon ab 10 Uhr als Café).

Cuasquías, Calle San Pedro 2, Las Palmas, Tel. 928 37 00 46. Do–Sa Livemusik in einem denkmalgeschützten Haus aus dem 19. Jh.

Kasinos

Die feinste Adresse dürfte das **Casino de Las Palmas** sein (Calle Simon Bolívar, Edificio Saba, Parque Santa Catalina, Las Palmas, Tel. 928 23 48 82, www.casinolaspalmas.com; Automaten tgl. 10–4, Spieltische tgl. 17–4 Uhr).

An der Playa del Inglés befindet sich das **Casino Tamarindos** (Hotel Tamarindos, Calle Las Retamas 3, San Agustín, Tel. 928 76 27 24, www.casinotamarindos.es), das in einem gesonderten Saal auch internationale Dinnershows bietet (So–Fr 21–2, Sa bis 4 Uhr).

Klubs

Chic a Cream, beim Hotel Maritim Playa, Playa del Inglés. House and Dance heizen dem Publikum ein.

Club Moma, Ruiz de Alda 14, Las Palmas, Tel. 928 38 25 86. Hippe Location mit neuem Konzept: Musik, Mode und Design vereint unter einem Dach.

Coto Cinco Estrellas, im Hotel Cristina, Tel. 928 22 63 59, Las Palmas. Klub mit gestyltem Publikum.

Pacha-Disco Club, C.C. Kasbah, Playa del Inglés, www.pachaplayadelingles.com. Der ›Fashion‹-Club des Südens. Getanzt wird zu R&B, Funk, Dance und House.

Sport

Zuschauersportarten sind auf Gran Canaria sehr beliebt, vor allem die beiden traditionellen Disziplinen, die auf die altkanarische Kultur zurückgehen. Das ist einmal **Palo**, der Stabkampf. Man erlebt ihn eigentlich nur noch an großen Festtagen oder im privaten Kreis.

Die **Lucha Canaria**, der kanarische Ringkampf [s.S.114], wird wieder sehr gepflegt. Nachdem er in der Franco-Ära nicht gerne gesehen war, wird er heute sogar im Schulsport unterrichtet. In jeder größeren Ortschaft darf man mit einer speziel-

Gemütliche Bars wie hier in Puerto de Mogán haben bis spät in die Nacht geöffnet

Praktisch: Mit dem Guanchen-Wanderstab lässt sich fast jedes Hindernis überwinden

len kreisrunden Arena (*Terrero*) rechnen. Auskünfte über die Spielpläne geben die örtlichen Bars.

Bergwandern

In den letzten Jahren wurden zahlreiche historische Wege durch Gran Canaria, die fast alle vom Zentrum ausgehen, wieder hergestellt. Unter dem Sammelbegriff Königswege (*Senderos reales*) stellt die Inselregierung sie in einem hervorragenden zweibändigen Werk vor: **Guía de Senderos de Gran Canaria**, in spanischer Sprache, das z.B. in der Librería del Cabildo in Las Palmas erhältlich ist. Zwar stimmen nicht alle Karten, aber Wanderexperten können damit schon eine Menge anfangen und man erfährt zusätzlich sehr viel über Natur, Kultur und auch die entlegensten Ortschaften. Deutschsprachige Broschüren gibt es beim **Patronato de Turismo** (s. S. 124).

Wanderungen durch Gran Canaria können wegen schnellen Wetterumschwungs und unübersichtlicher Wege tatsächlich einige Risiken bergen. Wer sich nicht auf eigene Faust in die herrliche Bergwelt Gran Canarias traut, sollte sich einer organisierten Tour anschließen. Die **Alpinschule Innsbruck** (Tel. 0043/5125 46 00, www.asi.at) führt auf einwöchigen Wanderungen (ganzjährig) durch die Täler und auf die schönsten Berggipfel. Wer nur tageweise wandern möchte, findet freundlichen und fachkundigen Anschluss vor Ort bei **VitalTrend**, Carretera de los Portales 45, Los Portales, Las Palmas, Tel. 928 71 57 18, www.grancanaria mitroland.de

Fallschirmspringen und Paragliding

Die Aufwinde an den Hängen der Insel eignen sich besonders für die neueren Luftsportarten. Zu organisieren sind solche Trips über den **Real Aeroclub de Gran Canaria**, ca. 3 km östlich von San Agustín, Carretera General del Sur, km 46,5, Tel. 928 15 71 47, www.aeroclubgrancanaria.com.

Golf

Acht Golfplätze gibt es bislang auf der Insel:

Anfi Tauro Golf (18 und 9 Loch), Valle de Tauro s/n, Mogán, Tel. 928 90 80 00, www.anfi.com

Campo de Golf de Maspalomas (18 Loch), Avda. T.O. Neckermann s/n, Maspalomas, Tel. 928 76 25 81, www.maspalomasgolf.net

El Cortijo Club de Campo (18 Loch), GC-1, km 6,4, Telde, Tel. 928 71 11 11, www.elcortijo.es

Las Palmeras Golf Sport Urban Resort (18 Loch), Avenida Doctor Alfonso Chiscano Diáz s/n, Las Palmas, Tel. 928 22 23 33, www.laspalmerasgolf.es

Meloneras Golf (18 Loch), Calle Gánigo 6, Meloneras, Tel. 928 14 53 09, www.meloneras-golf.com

Real Club de Golf de Las Palmas (18 Loch), Carretera de Bandama, Santa Brígida, Tel. 928 35 01 04, www.realclub degolfdelaspalmas.com. Der älteste Golfclub Spaniens wurde bereits 1891 gegründet [s. S. 51].

Salobre Golf Nord und Salobre Sud (18 Loch), GC-1, km 53, El Salobre, Maspalomas, Tel. 928 01 01 03, www.salobregolf resort.com

Hochseefischen

Gran Canaria bietet gute Möglichkeiten zum Hochseefischen und Angeln, für Profis wie für Hobby-Sportfischer. Die Fischgründe sind reich an Thunfisch, Bonito und Schwertfisch. Mehr als 30 Weltrekorde im Hochseefischen wurden bislang in den Gewässern Gran Canarias aufgestellt. Ausflugsangebote für Gruppen oder Einzelgäste gibt es in den Sporthäfen von Puerto Rico [Nr. 26] und Puerto de Mogán [Nr. 24].

Radfahren, Mountainbiking

Überall in den Ferienorten sind Fahrräder zu mieten, vor allem an der Costa Canaria [Nr.28], z.B. bei **Happy Biking** (im Hotel IFA Continental, Avenida de Italia 2, Playa del Inglés, Tel. 928 76 68 32, www.happy-biking.com). Hier werden auch Tourenräder, Mountainbikes und Zubehör verliehen, auch geführte Touren gibt es.

Segeln und Surfen

Gran Canarias Süden bietet ein besonders gutes Revier für Segler und Surfer von internationalem Format. Bei Windsurfern gilt der Küstenstreifen von Tarajalillo bis Pozo Izquierdo im Südosten als eines der besten Reviere weltweit.

In den Jachthäfen von Las Palmas [Nr.1] und Puerto de Mogán [Nr.24] bereiten sich Mannschaften aus aller Welt auf die Atlantiküberquerung vor oder machen Station auf ihren Törns zwischen der Alten und der Neuen Welt – ganz in der Tradition von Christoph Kolumbus. Puerto Rico [Nr.26] avancierte für alle Wassersportarten zum beliebtesten Zentrum Gran Canarias. Eine gute Adresse für Segler und Surfer ist:

Sail & Surf Overschmidt, Puerto de Mogán, Tel. 928 56 52 92, www.segelschule-grancanaria.de. Auch deutschsprachiger Surf- und Segel-Unterricht, Tagestörns, Bootsverleih.

An allen größeren Stränden kann man Surfbretter leihen.

Adressen der mit Trinkwasser, Elektrizität, Telefon, Diesel und Benzin, Kran und Rampe etc. ausgestatteten **Sporthäfen** (Puertos Deportivos) gibt es unter: www.grancanaria.com und www.puertosdecanarias.com):

Club de Yates Pasito Blanco, Carretera General del Sur, km 60, Pasito Blanco, Tel. 928 14 21 94, www.pasitoblanco.com

Muelle Deportivo de Las Palmas de Gran Canaria, Las Palmas, Tel. 928 23 49 60, www.palmasport.es

Puerto de las Nieves, Agaete, Tel. 928 55 42 27

Puerto Deportivo de Arguineguin, Avda. del Puerto, Arguineguin, Tel. 928 73 64 41. Spezialisiert auf Transatlantik-Jachten von mehr als 12 m Länge.

Puerto Deportivo de Puerto de Mogán, Servicios del Puerto - S.L.U., Puerto de Mogán, Tel. 928 56 56 68

Puerto Deportivo Puerto Rico, Puerto Rico, Tel. 928 56 11 41

Puerto Marina Anfi del Mar, Barranco de la Verga, Mogán, Tel. 928 15 07 98

Tauchen

Sehr reich ist die Unterwasserwelt Gran Canarias zwar nicht, aber wegen des warmen Wassers ist das Revier bei Tauchern beliebt. Mehrere Tauchzentren bieten Kurse und das nötige Gerät an, u.a.:

Centro Turístico de Buceo Sun Sub, Hotel Buenaventura, Playa del Inglés, Tel. 928 77 81 65, www.sunsub.com

Club Amigos del Atlantico S.L., Calle La Lajilla s/n, Arguineguin, Tel. 928 73 61 96, www.diveacademy-grancanaria.com.

Einmal landet sicher jeder Segler im bestens ausgestatteten Hafen von Puerto Rico

Top Diving, Muelle Deportivo, Puerto Escala/Puerto Rico, Tel. 928 56 06 09, www.topdiving.net

Tennis und Squash

Die meisten Urlaubsanlagen verfügen über Tennisplätze, viele davon mit Flutlicht, weil die Gäste im warmen Klima nicht gern tagsüber spielen. Es gibt auch mehrere Tennisklubs (auch mit Squash), bei denen man Plätze mieten und bei Bedarf auch einen Lehrer engagieren kann, z.B.:

Club de Tenis Gran Canaria, Calle Beethoven 1, Las Palmas, Tel. 928 24 34 34

Club de Tenis Dunaflor, Avenida Touroperador Tjaereborg s/n, Campo de Golf Maspalomas, Tel. 928 76 74 47

Statistik

Lage: Gran Canaria ist die drittgrößte Insel des kanarischen Archipels. Sie liegt rund 200 km von der afrikanischen Küste entfernt, zwischen dem 15. und 16. westlichen Längengrad sowie dem 27. und 28. nördlichen Breitengrad.

Verwaltung: Gran Canaria ist Teil der spanischen Region Kanaren, die weitgehende Autonomie besitzt und auch der EU erst nach Zugeständnis eines Sonderstatus beigetreten ist. Die Region besteht aus zwei Provinzen: Ost- und West-Kanaren. Gran Canaria gehört zusammen mit Lanzarote und Fuerteventura zur Ostprovinz, deren Hauptstadt Las Palmas de Gran Canaria ist. Die Insel besteht aus 21 selbstständigen Verwaltungsbezirken (*Municipios*).

Fläche: 1560 km^2. Die Insel ist fast kreisrund, mit einem Durchmesser von ca. 50 km.

Bevölkerung: etwa 850 000 Einwohner.

Hauptstadt: Las Palmas de Gran Canaria (etwa 383 000 Einwohner).

Wirtschaft: Rund 3 Mio. Touristen zählt die Insel jährlich. Der Tourismus mit all seinem Nebengewerbe ist die wichtigste Einnahmequelle der grancanarischen Bevölkerung.

Fischfang, ein wenig Weinbau sowie Gemüse- und Obstanbau (neuerdings sogar von tropischen Obstbäumen, die hier hervorragend gedeihen, z.B. Mango, Avocado und Papaya) werden nur für den Eigenbedarf der Insel betrieben. Eine gleichfalls untergeordnete Rolle spielt die Viehhaltung, vor allem von Ziegen und Schafen, sowie die daraus resultierende Käseproduktion. Eine Ausnahme stellt der recht erfolgreiche Anbau von Tomaten und Bananen dar. Sie werden für den Export vor allem in Treibhäusern gezogen – die Tendenz ist aber rückläufig.

Unterkunft

Camping

Campingplätze sind rar und wegen der oft fehlenden Infrastruktur auch nicht besonders zu empfehlen. Der größte Platz ist **Anexo II** (ex Guantánamo) an der Straße Puerto Rico-Mogán, in Höhe Tauro etwa 1 km landeinwärts (Tel. 928 56 20 98).

In den **Naturschutzgebieten** gibt es einige staatliche Zeltplätze. Hierfür ist eine Reservierung nötig. Die Genehmigung muss spätestens 3 Tage vorher eingereicht werden und gilt für max. 7 Tage:

Cosejeria de Medio Ambiente, Calle Profesor Agustín Millares Carló, s/n 1ª planta, 35003 Las Palmas de Gran Canaria, Tel. 928 21 92 29, www.grancanaria.com

Ferienhäuser

Diese Unterkunftsart gibt es in Mengen in den Feriensiedlungen, meist allerdings als Reihenhäuser oder eng beisammenstehende Bungalows.

Ferienhäuser auf dem Lande (*Turismo rural*) sind heutzutage äußerst beliebt. Viele Besitzer von Bauernhäusern oder Dorfresidenzen haben ihre Anwesen restauriert und den Komfortwünschen der Urlauber entsprechend eingerichtet.

Viele dieser typischen Landhäuser sind über die Vereinigung der Inselregierung **Gran Canaria Rural** (www.grancanariarural.com) und **Turismo de Gran Canaria** (www.grancanaria.com/natural) zu finden und zu buchen.

Hotels und Pensionen

Zahlreich und sehr unterschiedlich sind die Hotels und Pensionen Gran Canarias. In jeder Kategorie gibt es etwas, vor allem im Süden an der Costa Canaria. Eine Sonderform sind Apartmenthäuser und -hotels: entweder zur Selbstversorgung oder bei Bedarf mit Hotelservice.

Beliebt sind **Landhotels** (*Hoteles rurales*) an entlegenen Stellen wie am Cruz de Tejeda [Nr. 41] oder auf ehem. Landgü-

Beschwerdebuch

Bei überhöhten Preisen, schlechtem Service etc. **Hojas de Reclamaciones** verlangen. Das Beschwerdebuch müssen alle haben: Bars, Restaurants, Hotels, Supermärkte, Taxifahrer, Busunternehmer etc. Die Blätter sind nummeriert, sodass niemand mogeln und unliebsame Einträge entfernen kann.

tern, deren wenige Zimmer zu gepflegten kleinen Oasen der Ruhe umgestaltet wurden. Besondere Landhotels finden sich unter den Praktischen Hinweisen bei den einzelnen Orten. Eine hilfreiche Adresse ist:

Gran Canaria Natural, Calle Los Balcones 4, Las Palmas, Tel. 928334175, www.grancanariafincas.com

Im Norden und Landesinnern der Insel kann es mit Hotels und Pensionen allerdings sehr eng werden bzw. vorkommen, dass alles ausgebucht ist. Vor einer längeren Tour sollte man sich also genau erkundigen, wo man übernachten kann.

Jugendherbergen

Jugendherbergen im üblichen Sinne gibt es auf Gran Canaria nicht. Entsprechende Häuser *(Albergues)* werden hauptsächlich von Jugendgruppen und Schulklassen komplett gebucht und belegt.

Verkehrsmittel im Land

Bus

Viel benutzte Verkehrsmittel sind Busse (*Guaguas*). Vor allem Überlandbusse sind sehr bequem, weil sie zwischen den wichtigsten Orten der Insel etwa alle halbe Stunde verkehren, z.B. zwischen Las Palmas und Playa del Inglés sowie zwischen Playa del Inglés und Maspalomas.

Fahrpläne der Busgesellschaft **GLOBAL** gibt es an der Estación de Guaguas de Las Palmas, Parque San Telmo (Avenida de Rafael Cabrera s/n, Tel. 928368335, www.globalsu.net) und bei örtlichen Touristenbüros. Das Sparticket *Tarjeta Insular*, das 20% Ermäßigung gewährt, lohnt sich für Urlauber, die die Insel per Bus erkunden möchten.

Innerstädtisch lohnt sich bei einem längeren Aufenthalt in Las Palmas [Nr.1] der Kauf einer *Zehnerkarte* (*Bono-Guagua de diez viajes*, zehn Fahrten zum Preis von sechs), erhältlich in Zeitschriften- und Tabakläden sowie an großen *Guaguas*-Stationen. Sonst löst man den Einzelfahrschein im Bus. Öffentliche Busse fahren alle touristisch interessanten Punkte an, stets passend zu den Öffnungszeiten, im Süden z.B. von der Costa Canaria zu Sioux City [s.S.80] und Palmitos Park [Nr.29].

Mietwagen

In allen großen Städten und im Süden können Urlauber Autos mieten, was mit dem Schild ›*Coches de alquilar*‹ angezeigt wird. Es genügt die Vorlage eines nationalen Führerscheins.

Bei Leihwagen werden wegen niedriger Deckungssummen Vollkasko- und Insassenunfallversicherung empfohlen. Wer mit der **Kreditkarte** zahlt, erspart sich die Zahlung einer Kaution.

Hinweis: Die meisten Tankstellen sind an Sonn- und Feiertagen geschlossen.

Alle Straßen der Inseln sind neu nummeriert, was zu Verwirrung führen kann, wenn man eine alte Karte zu Rate zieht, aber die Hinweisschilder sind meist gut angebracht.

Schiff

Die Passagierschiffe der Gesellschaft *Lineas Salmon* (www.lineassalmon.com) verbinden mehrmals täglich Arguineguin [Nr.27] mit Puerto Rico [Nr.26] und Puerto de Mogán [Nr.24]. Die preiswerten Tickets kauft man direkt an Bord, eine Vorausbuchung ist meist nicht nötig.

Taxi

Taxis sind ausgesprochen preiswert und lassen sich auch für Überlandfahrten anheuern. Sie fahren praktisch alle mit Taxameter, man kann aber für längere Fahrten einen Festpreis aushandeln.

Zeitschriften/Zeitungen

Alle wichtigen deutschsprachigen Tageszeitungen und Zeitschriften sind in den Ferienorten erhältlich, Boulevardzeitungen sogar am Erscheinungstag. Einige deutschsprachige Insel-Zeitungen, z.B. *Info Canarias* oder *Gran Canaria Olé*, informieren über aktuelle Ausstellungen und Feste, über bedeutende Entwicklungen oder Ereignisse im Fremdenverkehr.

Sprachführer
Spanisch für die Reise

Das Wichtigste in Kürze

Ja/Nein	*sí/no*
Bitte/Danke	*por favor/gracias*
In Ordnung!/ Einverstanden!	*¡Está bien!/ ¡De acuerdo!*
Entschuldigung!	*¡Perdón!*
Wie bitte?	*¿Cómo dice/dices?*
Ich verstehe Sie nicht.	*No le entiendo.*
Ich spreche nur wenig Spanisch.	*Hablo sólo un poco de español.*
Können Sie mir bitte helfen?	*¿Puede ayudarme, por favor?*
Das gefällt mir (nicht).	*(No) Me gusta.*
Ich möchte ...	*Quisiera ...*
Haben Sie ...?	*¿Tiene Usted ...?*
Gibt es ...?	*¿Hay ...?*
Wie viel kostet das?	*¿Cuánto cuesta?*
Wie teuer ist ...?	*¿Qué precio tiene ...?*
Kann ich mit Kreditkarte bezahlen?	*¿Puedo pagar con la tarjeta de crédito?*
Wie viel Uhr ist es?	*¿Qué hora es?*
Guten Morgen!	*¡Buenos días!*
Guten Tag!	*¡Buenos días!/ ¡Buenas tardes!*
Guten Abend!	*¡Buenas tardes!*
Gute Nacht!	*¡Buenas noches!*
Hallo!/Grüß Dich!	*¡Hola!/¿Qué tal?*
Wie ist Ihr Name, bitte?	*¿Cómo se llama Usted, por favor?*
Mein Name ist ...	*Me llamo ...*
Ich bin Deutsche(r)	*Soy aleman(a)*
Ich komme aus Deutschland	*Soy de Alemania.*
Wie geht es Ihnen?	*¿Qué tal está Usted?*
Auf Wiedersehen!	*¡Adiós!*
Tschüs!	*¡Hasta luego!*
Bis bald!	*¡Hasta pronto!*
Bis morgen!	*¡Hasta mañana!*
gestern/heute/morgen	*ayer/hoy/mañana*
am Vormittag/ am Nachmittag	*por la mañana/ por la tarde*
am Abend/ in der Nacht	*por la tarde/ por la noche*
um 1 Uhr/2 Uhr usw.	*a la una/a las dos ...*
um ... Uhr 30	*a la/las ... y media*
Minute(n)/Stunde(n)	*minuto(s)/hora(s)*
Tag(e)/Woche(n)	*día(s)/semana(s)*
Monat(e)/Jahr(e)	*mes(es)/año(s)*
heiß/kalt	*caliente/frio*
gutes Wetter/ schlechtes Wetter	*buon tiempo/ mal tiempo*

Zahlen

0	*zero*	19	*diecinueve*
1	*uno*	20	*veinte*
2	*dos*	21	*veintiuno, -a*
3	*tres*	22	*veintidós*
4	*cuatro*	30	*treinta*
5	*cinco*	40	*cuarenta*
6	*seis*	50	*cincuenta*
7	*siete*	60	*sesenta*
8	*ocho*	70	*setenta*
9	*nueve*	80	*ochenta*
10	*diez*	90	*noventa*
11	*once*	100	*cien, ciento*
12	*doce*	200	*doscientos, as*
13	*trece*	1 000	*mil*
14	*catorce*	2 000	*dos mil*
15	*quince*	10 000	*diez mil*
16	*dieciséis*	1000 000	*un millón*
17	*diecisiete*	½	*medio*
18	*dieciocho*	¼	*un cuarto*

Wochentage

Montag	*lunes*
Dienstag	*martes*
Mittwoch	*miércoles*
Donnerstag	*jueves*
Freitag	*viernes*
Samstag	*sábado*
Sonntag	*domingo*

Monate

Januar	*enero*
Februar	*febrero*
März	*marzo*
April	*abril*
Mai	*mayo*
Juni	*junio*
Juli	*julio*
August	*agosto*
September	*septiembre*
Oktober	*octubre*
November	*noviembre*
Dezember	*diciembre*

Maße

Kilometer	*kilómetro(s)*
Meter	*metro(s)*
Zentimeter	*centímetro(s)*
Kilogramm	*kilogramo(s)*
Pfund	*medio kilo*
Gramm	*gramo(s)*
Liter	*litro(s)*

Unterwegs

Nord/Süd/West/Ost	*norte/sur/oeste/este*
oben/unten	*arriba/abajo*
geöffnet/geschlossen	*abierto/cerrado*
geradeaus/	*derecho/*
links/	*a la izquierda/*
rechts/	*a la derecha/*
zurück	*atrás*
nah/weit	*cerca/lejos*
Wie weit ist das?	*¿A qué distancia está?*
Wo sind die Toiletten?	*¿Dónde están los aseos?*
Bitte, wo ist die (der) nächste ...	*Por favor, ¿dónde está ...*
Telefonzelle/	*la cabina telefónica/*
Bank/Polizei/	*el banco/la policía/*
Post/	*el correo/*
Geldautomat?	*el cajero automático más cerca?*
Wo ist ...	*¿Dónde está ...*
der Hauptbahnhof/	*la estación central/*
die Busstation/	*la estación autobus/*
der Flughafen?	*el aeropuerto?*
Wo finde ich ...	*¿Dónde está ...*
eine Apotheke/	*una farmacia/*
eine Bäckerei/	*una panadería/*
Fotoartikel/	*los artículos fotográficos/*
ein Kaufhaus/	*unos grandes almacenes/*
ein Lebensmittelgeschäft/	*un supermercado/*
den Markt?	*el mercado?*
Ist das der Weg/ die Straße nach ...?	*¿Es éste el camino/ la carretera a ...?*
Ich möchte mit ...	*Quisiera ir en ...*
dem Zug/dem Schiff/	*tren/barco/*
der Fähre/	*ferry/*
dem Flugzeug	*avión*
nach ... fahren.	*a ...*
Gilt dieser Preis für Hin- und Rückfahrt?	*¿Es el precio de ida y vuelta?*
Wie lange gilt das Ticket?	*¿Hasta cuándo está válido el billete?*
Wo ist das Fremdenverkehrsamt/ ein Reisebüro?	*¿Dónde está la oficina de turismo/ una agencia de viajes?*
Ich benötige eine Hotelunterkunft	*Necesito una habitación en un hotel.*
Wo kann ich mein Gepäck lassen?	*¿Dónde puedo dejar mi equipaje?*

Notfälle

Ich möchte eine Anzeige erstatten	*Quisiera hacer una denuncia.*
Man hat mir ...	*Me han robado ...*
Geld/die Tasche/	*dinero/el bolso/*
die Papiere/	*los documentos/*
die Schlüssel/	*las llaves/*
den Fotoapparat/	*la cámera/*
den Koffer/	*la maleta/*
das Fahrrad gestohlen.	*la bicicleta.*
Verständigen Sie bitte das Deutsche Konsulat.	*Por favor, informe al Consulado Alemán.*

Freizeit

Ich möchte ein ...	*Quisiera alquilar ...*
Fahrrad/	*una bicicleta/*
Motorrad/	*una motocicleta/*
Surfbrett/	*una tabla de surf/*
Mountainbike/	*un mountain bike/*
Boot mieten.	*un barco.*
Gibt es ein(en) ...	*¿Hay en la cercanía ...*
Freizeitpark/	*un parque de atracciones/*
Freibad/	*una piscina pública/*
Golfplatz in der Nähe?	*un campo de golf?*
Wo gibt es die nächste Bademöglichkeit?	*¿Dónde hay una posibilidad de bañarse?*
Wo ist der nächste Strand?	*¿Dónde está la playa más cerca?*
Wann hat ... geöffnet?	*¿Qué horario tiene ...?*

Bank, Post, Telefon

Brauchen Sie meinen Ausweis?	*¿Necesita Usted mi carnet de identidad?*
Wo soll ich unterschreiben?	*¿Dónde tengo que firmar?*
Wie lautet die Vorwahl für ...?	*¿Cómo es el prefijo de...?*
Wo gibt es ...	*¿Dónde puedo conseguir ...*
Telefonkarten/	*tarjetas para el teléfono/*
Briefmarken?	*sellos?*

Tankstelle

Wo ist die nächste Tankstelle?	*¿Dónde está la gasolinera más cerca?*
Ich möchte ... Liter ...	*Quisiera ... litros de ...*
Super/Diesel	*gasolina super/diesel*
bleifrei.	*gasolina sin plomo.*
Volltanken, bitte!	*¡Lleno, por favor!*
Bitte prüfen Sie ...	*Controle por favor ...*
die Bremsen/	*los frenos/*
den Reifendruck/	*la presión de los neumáticos/*
den Ölstand/	*el nivel del aceite/*
den Wasserstand/	*el nivel del agua/*
das Wasser für die Scheibenwischanlage/	*el agua para el lavaparabrisas/*
die Batterie.	*la batería.*
Würden Sie bitte ...	*¿Podría ...*
den Ölwechsel vornehmen/	*cambiar el aceite/*

den Radwechsel vornehmen/	*cambiar la rueda/*
die Sicherung austauschen/	*cambiar el fusible/*
die Zündkerzen erneuern/	*cambiar las bujías/*
die Zündung nachstellen/	*ajustar el encendido/*
den Wagen waschen?	*lavar el coche?*

Panne

Ich habe eine Panne.	*Tengo una avería.*
Der Motor startet nicht.	*El motor no arranca.*
Ich habe die Schlüssel im Wagen gelassen.	*Dejé las llaves en el coche.*
Ich habe kein Benzin/Diesel.	*No tengo gasolina/diesel.*
Können Sie mir einen Abschleppwagen schicken?	*¿Podría usted enviarme un coche grúa?*
Gibt es hier in der Nähe eine Werkstatt?	*¿Hay algún taller por aquí cerca?*
Können Sie den Wagen reparieren?	*¿Puede Usted reparar el coche?*
Bis wann?	*¿Para cuándo?*

Mietwagen

Autovermietung	*Alquiler de coches*
Ich möchte ein Auto mieten.	*Quisiera alquilar un coche.*
Was kostet die	*¿Cuánto cuesta el*
pro Tag/	*por día/*
pro Woche/	*por semana/*
mit unbegrenzter km-Zahl/	*con kilometraje ilimitado/*
mit Kaskoversicherung/	*con seguro ›casco‹/*
mit Kaution?	*con depósito?*
Wo kann ich den Wagen zurückgeben?	*¿Dónde puedo devolver el coche?*

Unfall

Hilfe!	*¡Ayuda!/¡Socorro!*
Achtung!/Vorsicht!	*¡Atención!/¡Cuidado!*
Rufen Sie bitte schnell ...	*Por favor, llame en seguida ...*
einen Krankenwagen/	*una ambulancia/*
die Polizei/	*a la policía/*
die Feuerwehr.	*a los bomberos.*
Es war (nicht) meine Schuld.	*(No) Fue culpa mía.*
Geben Sie mir bitte Ihren Namen und Ihre Adresse.	*Por favor, darme su nombre y dirección.*
Ich brauche die Angaben zu Ihrer Autoversicherung.	*Necesito los datos de su seguro.*

Krankheit

Können Sie mir einen guten Deutsch sprechenden Arzt/ Zahnarzt empfehlen?	*¿Puede recomendarme un buen médico/dentista que hable alemán?*
Wann hat er Sprechstunde?	*¿A qué hora tiene su consulta?*
Wo ist die nächste Apotheke?	*¿Dónde está la farmacia más próxima?*
Ich brauche ein Mittel gegen ...	*Necesito un medicamento contra ...*
Durchfall/	*la diarrea/*
Halsschmerzen/	*dolor de garganta/*
Fieber/	*la fiebre/*
Insektenstiche/	*las picaduras de insectos/*
Verstopfung/	*el estreñimiento/*
Zahnschmerzen.	*dolor de muelas.*

Hotel

Können Sie mir ein Hotel/eine Pension empfehlen?	*¿Podría recomendarme un hotel/ una pensión?*
Ich habe bei Ihnen ein Zimmer reserviert.	*He reservado aquí una habitación.*
Haben Sie ...	*¿Tiene Usted ...*
ein Einzel-/	*una habitación individual/*
Doppelzimmer ...	*doble ...*
mit Bad/Dusche/	*con baño/ducha/*
für eine Nacht/	*para una noche/*
für eine Woche/	*para una semana/*
mit Blick aufs Meer?	*con vista al mar?*
Was kostet das Zimmer mit ...	*¿Cuánto cuesta la habitación con ...*
Frühstück/	*desayuno/*
Halbpension/	*media pensión/*

Hinweise zur Aussprache

c	vor ›a, o, u‹ wie ›k‹, Bsp.: **c**asa, **c**aja
c	vor ›e‹ und ›i‹ ähnlich dem englischen ›th‹, Bsp.: gra**ci**as
ch	wie ›tsch‹, Bsp.: le**ch**e
g	vor ›e‹ und ›i‹ wie ›ch‹, Bsp.: **g**ente
gue, gui	wie ›ge, gi‹ ,also mit stummem ›u‹, Bsp.: **gui**tarra, **gui**so
h	ist immer stumm
j	wie ›ch‹, Bsp.: **j**amón
ll	wie ›lj‹, Bsp.: torti**ll**a
ñ	wie ›nj‹, Bsp.: ni**ñ**o
que, qui	wie ›ke, ki‹, also mit stummem ›u‹, Bsp.: **que**so
v	wie ›b‹, Bsp.: **v**ia, **v**ino
z	ähnlich dem englischen ›th‹, Bsp.: tena**z**

Vollpension?	*pensión completa?*
Kann ich mit Kreditkarte bezahlen?	*¿Puedo pagar con la tarjeta de crédito?*
Haben Sie ein Faxgerät/ Internetzugang/ einen Hotelsafe?	*¿Tiene Usted ... un fax/ acceso al internet/ una caja fuerte?*
Wie lange gibt es Frühstück?	*¿Hasta qué hora se sirve el desayuno?*
Ich möchte um ... geweckt werden.	*Quisiera que me despierten a la(s) ...*
Ich reise heute Abend/ morgen früh ab.	*Saldré esta noche/ mañana temprano.*

Restaurant

Wo gibt es ein gutes Restaurant/ ein günstiges Restaurant?	*¿Dónde hay un buen restaurante/ un restaurante economico?*
Die Speisekarte/ Getränkekarte, bitte.	*¡La carta/ la lista de bebidas, por favor!*
Welches Gericht können Sie besonders empfehlen?	*¿Qué plato puede Usted recomendarme especialmente?*
Ich möchte das Tagesgericht/ Menü (zu ...)	*Quisiera el plato del día/ el menú (de ...).*
Ich möchte nur eine Kleinigkeit essen.	*Quisiera comer poca cosa.*
Haben Sie vegetarische Gerichte?	*¿Hay platos vegetarianos?*
Haben Sie offenen Wein?	*¿Hay un vino de la casa?*
Welche alkoholfreien Getränke haben Sie?	*¿Qué bebidas sin alcohol tiene?*
Haben Sie Mineralwasser mit/ ohne Kohlensäure?	*¿Tiene agua mineral con/sin gas?*
Das Steak bitte ... englisch/ medium/ durchgebraten.	*El bistec ... casi crudo/ medio/ bien hecho, por favor.*
Können Sie mir bitte ... ein Messer/ eine Gabel/ einen Löffel geben?	*Por favor, ¿puede darme ... un cuchillo/ un tenedor/ una cuchara?*
Die Rechnung, bitte/ Bezahlen, bitte!	*¡La cuenta, por favor!*

Essen und Trinken

Abendessen	*cena*
Ananas	*piña*
Apfel	*manzana*
Aubergine	*berenjena*
Banane	*plátano*
Bier	*cerveza*
Birne	*pera*
Blutwurst	*morcilla*
Braten	*asado*
Brot/Brötchen/Toast	*pan/panecillo/tostada*
Butter	*mantequilla*
Ei	*huevo*
Eintopf	*cocido*
Eiscreme	*helado*
Erdbeere	*fresa*
Espresso	*café solo*
Espresso mit Milch	*cortado*
Essig	*vinagre*
Fisch	*pescado*
Flasche	*botella*
Fleisch	*carne*
Fruchtsaft	*zumo de frutas*
Frühstück	*desayuno*
Geflügel	*aves*
Gemüse	*verdura*
Glas	*copa/vaso*
Gurke	*pepino*
Huhn	*pollo*
Hummer	*bogavante*
Kalbfleisch	*carne de ternera*
Kaninchen	*conejo*
Karamelpudding	*flan*
Kartoffeln	*patatas*
Käse	*queso*
Krug/Karaffe	*jarra*
Meeresfrüchte	*mariscos*
Milch	*leche*
Milchkaffee	*café con leche*
Mineralwasser	*agua mineral*
Mittagessen	*almuerzo*
Nachspeisen	*postres*
Öl	*aceite*
Oliven	*aceitunas*
Omelett	*tortilla*
Orangensaft	*zumo de naranja*
Pfeffer	*pimienta*
Pflaumen	*ciruelas*
Pilze	*hongos/setas*
Reis	*arroz*
Rindfleisch	*carne de vaca*
Salat	*ensalada*
Salz	*sal*
Schinken	*jamón*
Schweinefleisch	*carne de cerdo*
Suppe	*sopa*
Süßigkeiten	*dulces*
Tee	*té*
Thunfisch	*atún*
Vorspeisen	*entremeses*
Wassermelone	*sandía*
Wein Weißwein/ Rotwein/ Roséwein	*vino ... blanco/ tinto/ rosado*
Weintrauben	*uvas*
Zucker	*azúcar*

Ägypten	■	■
Algarve	■	■
Allgäu	■	■
Alpen – Freizeitparadies	■	
Amsterdam	■	■
Andalusien	■	■
Australien	■	■
Bali & Lombok	■	■
Baltikum	■	■
Barcelona	■	■
Bayerischer Wald	■	■
Berlin	■	■
Bodensee	■	■
Brandenburg	■	■
Brasilien	■	
Bretagne	■	■
Budapest	■	■
Bulgarische Schwarzmeerküste	■	■
Burgund	■	
City Guide Germany	■	
Costa Brava und Costa Daurada	■	
Côte d'Azur	■	■
Dänemark	■	■
Deutschland – Die schönsten Autotouren		■
Deutschland – Die schönsten Orte und Regionen	■	■
Deutschland – Die schönsten Städtetouren	■	
Dominikanische Republik	■	
Dresden	■	■
Dubai, Vereinigte Arab. Emirate, Oman	■	■
Elsass	■	■
Emilia Romagna	■	■
Florenz	■	■
Florida	■	■
Franz. Atlantikküste	■	■
Fuerteventura	■	■
Gardasee	■	■
Golf von Neapel	■	■
Gran Canaria	■	■
Hamburg	■	■
Harz	■	■
Hongkong & Macau	■	
Ibiza & Formentera	■	■
Irland	■	■
Israel	■	■
Istanbul	■	■
Italien – Die schönsten Orte und Regionen	■	■
Italienische Adria	■	■
Italienische Riviera	■	■
Jamaika	■	
Kalifornien	■	■
Kanada – Der Osten	■	■
Kanada – Der Westen	■	■
Karibik	■	■
Kenia	■	■
Korfu & Ionische Inseln	■	■
Kreta	■	■
Kroatische Küste – Dalmatien	■	■
Kroatische Küste – Istrien und Kvarner Golf	■	■
Kuba	■	■
Kykladen	■	
Lanzarote	■	■
Leipzig	■	■
Lissabon	■	■
London	■	■
Madeira	■	■
Mallorca	■	■
Malta	■	■
Marokko	■	■
Mauritius & Rodrigues	■	■
Mecklenburg-Vorpommern	■	■
Mexiko	■	
München	■	■
Neuengland	■	■
Neuseeland	■	■
New York	■	■
Niederlande	■	■
Norwegen	■	■
Oberbayern	■	■
Österreich	■	■
Paris	■	■
Peloponnes	■	
Piemont, Lombardei, Valle d'Aosta	■	■
Polen	■	■
Portugal	■	■
Prag	■	■
Provence	■	■
Rhodos	■	■
Rom	■	■
Rügen, Hiddensee, Stralsund	■	■
Salzburg	■	■
St. Petersburg	■	■
Sardinien	■	■
Schleswig-Holstein	■	■
Schottland	■	■
Schwarzwald	■	■
Schweden	■	■
Schweiz	■	■
Sizilien	■	■
Spanien	■	■
Südafrika	■	■
Südengland	■	■
Südtirol	■	■
Sylt	■	■
Teneriffa	■	■
Tessin	■	■
Thailand	■	■
Thüringen	■	■
Toskana	■	■
Trentino	■	■
Tunesien	■	■
Türkei – Südküste	■	■
Türkei – Westküste	■	■
Umbrien	■	
Ungarn	■	■
USA – Südstaaten	■	
USA – Südwest	■	■
Usedom	■	■
Venedig	■	■
Venetien & Friaul		■
Wien	■	■
Zypern	■	■

■ **ADAC Reiseführer**
144 bzw. 192 Seiten

■ **ADAC Reiseführer plus**
(mit Extraplan)
144 bzw. 192 Seiten

Mehr erleben, besser reisen ... mit ADAC Reiseführern!

Foto: © photocreo – Fotolia.com

Stand: 11/2011

Register

Impressum

Chefredakteur: Dr. Hans-Joachim Völse
Textchefin: Dr. Dagmar Walden
Chef vom Dienst: Bernhard Scheller
Lektorat, Bildredaktion: Elisabeth Schnurrer, Cornelia Greiner
Aktualisierung: Astrid Rohmfeld
Kartographie: ADAC e.V. Kartographie/KAR, Mohrbach Kreative Kartographie
Layout: Martina Baur
Herstellung: Barbara Thoma
Druck, Bindung: Rasch Druckerei und Verlag
Printed in Germany

Ansprechpartner für den Anzeigenverkauf: Kommunalverlag GmbH & Co KG, MediaCenterMünchen, Tel. 089/92 80 96 44

ISBN 978-3-86207-056-5

Autor der Essays S. 27, 108 und 114 ist Gottfried Aigner.

Neu bearbeitete Auflage 2013

Bildnachweis

Umschlag-Vorderseite: Der Leuchtturm Faro de Maspalomas markiert den Anfang der Costa Canaria .
Foto: laif (Frank Tophoven)

Gottfried Aigner: 2.2 (Wh.), 12, 13, 14.2, 22, 23.1, 24, 27, 33.1, 33.2, 39.1, 43, 44, 45, 47.1, 48, 54, 57, 58, 59, 63, 70, 71, 74, 77, 78, 81, 84, 86, 88.1., 88.2, 89, 90, 91, 92, 97, 98.1, 98.2, 100, 101, 102, 103, 104, 105.1, 105.2, 106, 107.1, 107.2, 108.1, 108.2, 109, 112.1, 112.2, 113, 114, 116, 117.1, 119, 120.1, 120.2, 121, 133 – **Akg-images**: 55 (Rainer Hackenberg) – **Archivo de El Museo Canario Las Palmas**: 26.2 – **Bildagentur Huber:** 3.3 (Wh.), 5.3 (Wh.), 5.4 (Wh.), 16, 31, 82, 122.3, 122.4, 122.5 (R. Schmid), 122.1 (Huber), 4.2 (Wh.), 6.1, 131 (Friedel) – **Casa Montesdeoca, Las Palmas**: 39.2 – **Centro Atlantico de Arte Moderno, Las Palmas**: 28 – **DK Images:** 41 (Rough Guides Pictures) – **dpa Picture-Alliance:** 16/17, 11.2, 26.1, 35, 36.1, 42, 75 (R. Schmid), 2.4 (Wh.), 5.1 (Wh.), 95, 126 (Dumont Bilder), 53 (Spectrum) – **F1online:** 62.1 (Pallaske) – **Hartmuth Friedrichsmeier**: 87 (Martin Siepmann) – **Hotel Santa Catalina, Las Palmas**: 38 – **Rainer Jahns**: 4.3 (Wh.), 85.1 – **laif**: 2.4 (Wh.), 72 (Frank Tophoven), 10.1 (Piepenburg), 11.1 (Heuer), 62.2, 66 (Fulvio Zanetti) – **LOOK**: 2.1 (Wh.), 6.2, 49, 80, 127 (Sabine Lubenow), 4.4 (Wh.), 9.2 (age fotostock), 8.2, 29, 68, 130 (Jürgen Richter), 5.2 (Wh.), 122.2 (Alex Tino Friedel), U4.2 (Hemispheres/Bertrand Gardel) – **Mauritius Images:** 4.1 (Wh.), 85.2 (S. Pearce), 61 (Author's Image) – **Patronato de Turismo de Gran Canaria:** 3.1 (Wh.), 3.2 (Wh.), 7.1, 7.2 (Wh.), 9.1, 10.2, 15.1, 19, 21, 23.2, 36.2, 51, 60, 79 – Photoshot: 8.1 (Wh.), 32 (TTL) – **Sea Tops**: 73 (Paul Munzinger) – Shutterstock: 2.3 (Wh.), 111.1 (Criben), 76 (Kalin Eftimov) – **Süddeutscher Bilderdienst:** 14.1, 15.2 – **Thinkstock/iStockphoto**: U4.1 – **Your Photo Today**: 111.2 – **Ernst Wrba:** 20, 25, 30.1, 30.2, 37, 46, 47.2, 56, 67, 83, 93, 115, 117.2, 118, 128, 132